国家高端智库
NATIONAL HIGH-END THINK TANK

上海社会科学院重要学术成果丛书·专著

环境规制政策、要素配置与全要素生产率研究

Research on Environmental Regulation Policy,
Factor Allocation and Total Factor Productivity

罗理恒 / 著

上海人民出版社

本书出版受到上海社会科学院重要学术成果出版资助项目的资助

总　序

当今世界,百年变局和世纪疫情交织叠加,新一轮科技革命和产业变革正以前所未有的速度、强度和深度重塑全球格局,更新人类的思想观念和知识系统。当下,我们正经历着中国历史上最为广泛而深刻的社会变革,也正在进行着人类历史上最为宏大而独特的实践创新。历史表明,社会大变革时代一定是哲学社会科学大发展的时代。

上海社会科学院作为首批国家高端智库建设试点单位,始终坚持以习近平新时代中国特色社会主义思想为指导,围绕服务国家和上海发展、服务构建中国特色哲学社会科学,顺应大势,守正创新,大力推进学科发展与智库建设深度融合。在庆祝中国共产党百年华诞之际,上海社科院实施重要学术成果出版资助计划,推出"上海社会科学院重要学术成果丛书",旨在促进成果转化,提升研究质量,扩大学术影响,更好回馈社会、服务社会。

"上海社会科学院重要学术成果丛书"包括学术专著、译著、研究报告、论文集等多个系列,涉及哲学社会科学的经典学科、新兴学科和"冷门绝学"。著作中既有基础理论的深化探索,也有应用实践的系统探究;既有全球发展的战略研判,也有中国改革开放的经验总结,还有地方创新的深度解析。作者中有成果颇丰的学术带头人,也不乏崭露头角的后起之秀。寄望丛书能从一个侧面反映上海社科院的学术追求,体现中国特色、时代特征、上海特点,坚持人民性、科学性、实践性,致力于出思想、出成果、出人才。

学术无止境，创新不停息。上海社科院要成为哲学社会科学创新的重要基地、具有国内外重要影响力的高端智库，必须深入学习、深刻领会习近平总书记关于哲学社会科学的重要论述，树立正确的政治方向、价值取向和学术导向，聚焦重大问题，不断加强前瞻性、战略性、储备性研究，为全面建设社会主义现代化国家，为把上海建设成为具有世界影响力的社会主义现代化国际大都市，提供更高质量、更大力度的智力支持。建好"理论库"、当好"智囊团"任重道远，惟有持续努力，不懈奋斗。

上海社科院院长、国家高端智库首席专家

目　录

第一章
导　论

当前,我国环境治理面临应对气候变化、能源低碳转型、生态可持续发展等一系列约束,我国经济正处于转变发展方式、优化经济结构、转换增长动力的关键期。党的二十大明确指出:"中国式现代化是人与自然和谐共生的现代化;协同推进降碳、减污、扩绿、增长,推进生态优先、节约集约、绿色低碳发展。"因此,当前新形势下"如何优化设计环境规制政策以寻求环境保护与经济增长之间的平衡或实现双赢局面、如何推动绿色创新发展和建设美丽中国"已成为新时代中国生态文明建设的核心主题。

第一节　研　究　主　题

20 世纪以来,随着全球工业化进程不断推进,经济高速发展,但也导致了环境污染事件频发。例如,比利时马斯河谷烟雾事件(1930 年)、美国洛杉矶烟雾事件(1943 年)、英国伦敦烟雾事件(1952 年)等大气污染事件,日本水俣病事件(1953—1968 年)、墨西哥湾井喷事件(1979 年)、莱茵河污染事件(1986年)等水污染事件;此外,还有重金属污染、核污染等各种因素导致的环境污染事件。严重的环境污染不仅给生态环境造成破坏性影响,更威胁着自然界动植物以及人类的生存安全。由环境污染导致受污染地区出现的生物大量死亡后果给世界各国敲响了警钟,各国政府意识到保护环境的重要性,并纷纷制定了相应的环境规制政策。中国作为世界上最大的发展中国家,相当长一段时期内以"经济建设"作为国家发展战略的中心主题,特别是改革开放四十多年来,中国经济一直保持高速增长,人们的物质生活水平明显提高,但这种相对粗放型增长方式也给中国带来了环境污染问题——如淮河水污染事件(1994年)、松花江苯类有机物水污染事件(2005年)、白洋淀大面积死鱼事件(2006年)、大连新港原油泄漏事件(2010年)等劣性水污染事件,以及雾霾等大气污染事件。在发展的过程中,国家意识到环境保护的重要性并采取一系列环境保护措施,主要包括两个方面:建立健全的环境保护法律体系,例如,《环境保护法》《水污染防治法》《大气污染防治法》《固体废物污染环境防治法》《环境保护税法》等,以及制定具体的环境规制政策,例如,"两控区"(酸雨控制区和二氧化硫污染控制区)环保标准政策、排污收费(环境税)政策、排污权交易政策等。尤其是近年来国家关于环境保护方面支出(以环保财政支出为例)和收入(以排污收费为例)不断扩大(见图1.1)。2010年,全国环保财政支出为2 441.98亿元,2019年则增加至7 390.2亿元,增长了约2倍;2000年,全国排污费征收总额为57.96亿元,2015年则增加至178.5亿元,增长了约2.1倍,①总体上两者都呈现

---

① 需要说明的是,2000—2015年排污费征收总额在2013年达到峰值(即204.81亿元),此后略有下降。2016年国家颁布《环境保护税法》,并规定:2018年1月1日起,正式实施征收环境保护税,停止征收排污费。

出明显的递增态势。可见,中央已经把环境保护摆在国家发展战略的
突出位置。

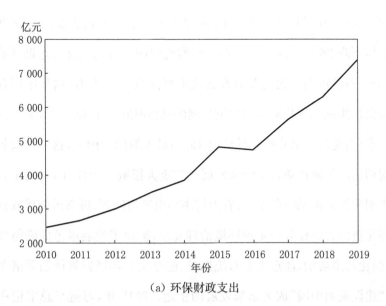

（a）环保财政支出

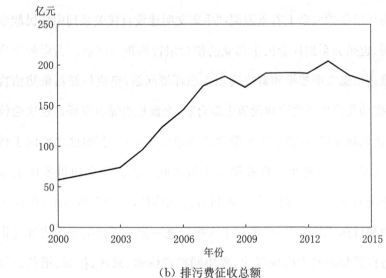

（b）排污费征收总额

资料来源:国家统计局,http://www.stats.gov.cn。

图 1.1 环保财政支出和排污费征收总额变化趋势

在 2014 年亚洲太平洋经济合作组织(以下简称 APEC)的峰会上,中国和美国就温室气体(主要指二氧化碳)减排问题达成协议,并发表《中美气候变化联合声明》:到 2025 年,实现美国全年二氧化碳排放量较 2005 年整体下降 26%—28%;到 2030 年,实现中国二氧化碳排放总量开始下降、非化石能源占一次能源消费的比重提高至 20% 左右,这是中国首次明确提出实现二氧化碳排放总量控制的具体时间。中美作为世界上碳排放需求(占全球二氧化碳总排放的 45%)最大的两个国家,这一协议势必会对两国的能源产业乃至经济发展产生重大影响。2017 年,党的十九大报告明确提出推动绿色发展、着力解决突出环境问题、提高污染排放标准和强化排污者责任等一系列环境治理要求,涵盖了发展绿色低碳循环经济、强化污染防治、注重生态系统保护、健全生态环境监管体制等诸多方面,"建设美丽中国"成为未来发展的主题。2018 年,习近平总书记在全国生态环境保护大会上着重强调:"生态文明建设直接关系到中华民族永续发展,也是关系到社会民生和党的使命宗旨的重大课题。新形势下应加强推进生态文明建设和解决突出生态环境问题,坚决打好污染防治攻坚战,推动我国生态文明建设迈上新台阶,全面推进绿色发展。"这次会议将"绿色创新发展、加强生态文明建设和建设美丽中国"的理念推向了新高度。2020 年,习近平主席在第七十五届联合国大会上向世界庄重宣告:"中国力争 2030 年前二氧化碳排放达到峰值,努力争取 2060 年前实现碳中和目标。"2022 年,党的二十大报告进一步明确指出中国式现代化是人与自然和谐共生的现代化,要协同推进降碳、减污、扩绿、增长。可见,当前经济发展转型的新形势下如何加强环境保护以及推动国家高质量发展成为重要议题,加强环境规制业已成为中国新时代生态文明建设的一个重要手段。

制定环境规制政策首要目的是减少污染排放、提高生态环境质量,而实现环境质量改善和经济可持续增长的双赢局面则是长期以来很多国内外顶层制度设计者所追求的目标。造成环境污染的主要根源在于企业生产过程中所排放的过量的污染物。就经济角度而言,企业是社会经济活动的主要参与者和污染排放的主体,环境规制则无疑会限制企业的污染排放行为——事实上,现有环境规制政策,例如规定污染排放标准、处罚或关停污染排放超标企业、排污收费(环境保护税)、排污权交易等,大多是针对企业而言的。因此,环境规制不仅会影响环境质量,还会对企业生产乃至整个经济产生重要影响。

本书重点研究环境规制对全要素生产率(以下简称 TFP)的影响。之所以聚焦于此,原因在于 TFP 是一国经济长期可持续增长的关键。因此,深入厘清环境规制对 TFP 的影响及其核心机理不仅具有良好的理论意义,也直接关系到今后我国环境规制政策能否实现优化调整以有效推动中国经济步入一个更加环境友好和更具持续性的新的发展阶段。但已有研究对以下重要问题仍缺乏清晰深刻的理论认识和系统的经验分析:环境规制对 TFP 会产生怎样的影响?要素配置机制在其中如何发挥重要作用?哪些因素制约了环境规制的 TFP 效应?不同的环境规制政策对 TFP 的影响是否存在显著的差异性?近年来,大量研究强调企业间要素配置对 TFP 的决定作用(Restuccia and Rogerson, 2008; Hsieh and Klenow, 2009; Song et al., 2011; Buera and Shin, 2013; Moll, 2014; Tombe and Winter, 2015; Andersen, 2018;盖庆恩等,2015;贾俊雪,2017;尹恒和张子尧,2021)。同时,企业间要素错配导致的要素价格扭曲和要素利用效率低下被认为是加剧环境污染的重要原因(宋马林等,2016;牛欢和严成樑,2021),这隐含了一个潜在的倒逼驱动机制——环境规制会通过限制企业污染排放降低环境污染,同时可能会倒逼企业改变生产行为进而对企业间的要素配置产生重要影响。鉴于此,本书紧密结合中国实践,提出一个环境规制影响企业间要素配置进而影响 TFP 的理论分析框架,构建一个环境规制下连续时间的异质性企业家模型,并考虑了环境质量外部性、金融摩擦、不同环境规制政策等诸多因素的影响,深入剖析环境规制对要素配置进而对 TFP 的影响及其核心机理,并利用省、地级市及工业企业层面数据进行实证检验,为今后我国环境规制政策实现优化调整以有效推动新时代中国经济步入一个更加环境友好兼具高质量发展的新的阶段提供理论支持和经验证据。

第二节　基　本　概　念

目前对规制的定义主要有两种。第一种观点认为规制是按照一定的规则对构成特定社会的个体(或经济主体)的行为活动进行限制(植草益,1992)。第二种观点认为规制是针对企业而言的,主要是为其利益而设计的经营行为规范(Stigler,1971)。综合而言,规制是一种为达到特定目标而按照一定规则而设置的行为约束。环境规制则是指为了避免环境污染,政府采取相应的政策手段规范或调整污染者的经济行为,以协调生态环境与经济发展。根据国内外的实践经验,环境规制政策可大致分为命令控制型环境规制、市场激励型环境规制和自愿协议以及公众参与型环境规制(赵玉民等,2009),目前世界各国的环境规制政策主要包括两大类,即命令控制型规制和市场激励型规制,而中国的环境规制政策则以命令控制型规制为主。

命令控制型环境规制政策的主要特征是以政府的行政干预为主导,具体指政府通过环境保护立法和颁布环境保护规章制度的方式明确环境保护要求、污染排放标准和惩罚措施等,对污染企业的经济活动进行强制约束,并以此实现减排和降低环境污染的目标,例如,环境保护目标责任制度、城市环境综合整治定量考核制度、"三同时"制度、环境影响评价制度、污染限期治理制度,以及"两控区"(酸雨控制区和二氧化硫污染控制区)环保标准等。因此,命令控制型规制的约束目标明确,直接限制污染企业的污染排放行为,否则其将会受到严厉的处罚,例如,罚款、减少生产量、责令企业迁移,甚至强制关停污染企业,具有强制性。也正因为如此,命令控制型环境规制政策的减排效果明显,能够迅速实现污染排放总量控制的目标,因而是世界各国最早并广泛使用的环境规制手段,也是目前中国最主要的环境规制政策。改革开放以来,中国命令控制型环境规制政策的实践主要包括颁布环境法律法规,以及制定一系列对企业污染排放具有强制约束的环境管理制度。

但命令控制型环境规制政策也存在一些弊端,这可能会对一国的经济发展造成负面的影响。一方面,它直接增加了污染企业的生产成本,即污染企业可能会将相当一部分投入用于治污技术研发或处理污染排放,这加重了企业的生产成本负担而不利于企业的经济绩效。由于信息不对称,政府无法制定"既达到环保要求又会对企业生产造成较小负面影响"双重目标的命令控制型规制措施,故执行成本高,而执行效率往往较低。

另一方面,强制性的规制措施也大大降低了企业家的生产积极性和自主创新能力,从而进一步降低了企业的生产效率和产出水平。

与之相对应的是市场激励型环境规制政策,其主要特征是以市场手段为主导,具体指政府通过合理的制度安排,将污染企业的排污行为市场化,积极引导企业利用市场手段实现减排目的,具体包括排污权交易制度、押金返还制度、环境保护税、排污费和补贴等。根据经济学一般原理可知,市场激励型环境规制政策不仅可以将污染负外部性内部化,而且还能够大幅度提高企业的生产积极性,进而有利于增加企业的生产效率。比如,以排污权交易为例,污染企业根据自身的排污水平购买或出卖一定数量的排污权,排污量大的企业通过购买排污权可以获得更多生产的机会,排污量小的企业通过出卖排污权获得相应收益(相当于针对污染负外部性的补贴),既有效矫正了污染负外部性,又对已购得排污权的企业的生产活动产生正向激励。但市场激励型环境规制政策也有局限性,比如,它不是直接作用于减少污染排放,而是通过市场交易机制或税费手段诱导污染企业改变生产行为以达到减排目的,因此政策实施的最终结果高度依赖于这一特定市场环境的完善程度以及较小的交易成本,而且政策从实施到产生效应也会存在时滞。因此,市场激励型环境规制政策尽管在减轻企业生产成本和提高生产积极性方面具有积极的作用,但相较于命令控制型环境规制政策,它往往对企业的约束力度较小,进而对污染排放控制力度较小,最终产生的减排效果可能也较弱。目前市场激励型环境规制政策在中国的实践主要有排污收费政策(1982年实施)和排污权交易(1987年上海首次试点),但一直都处于相对较小的规模,故对企业污染排放的控制力度也较弱。

　　此外,还有自愿协议以及公众参与型环境规制政策。自愿协议是指污染企业、政府或其他社会非营利组织之间签订的有关环境保护和节能减排方面的协议,不具有法定强制性,自愿选择参与或退出。与市场激励型环境规制政策相比,自愿协议更加强调污染企业的自觉环保意识。公众参与是指环境政策的制定以及实施受到公众的参与和监督,环境政策更多代表了公众意愿。自愿协议以及公众参与型环境规制政策皆强调自觉意识和民主化,但对污染企业的约束作用显得较弱,不易操作,而且需要完善的环境保护制度体系予以支持。

第三节　主 要 内 容

　　本书以中国环境规制政策为主要研究对象,旨在从理论上深刻认识和剖析环境规制政策对 TFP 的影响,为完善中国环境治理体系提供理论支持和经验证据。具体而言,本书立足于中国经济发展的现实国情,以马克思主义和中国特色社会主义理论体系为指导思想,紧密结合中国环境规制政策的客观实践,以经济学的基本原理为基础,充分运用高级宏观经济学、高级微观经济学、数理经济学、环境经济学、财政学、制度经济学、政治经济学等多学科交叉融合的相关理论知识,提出一个环境规制影响企业间要素配置进而影响 TFP 的理论分析框架,就命令控制型环境规制政策和市场激励型环境规制政策以及两种环境规制政策的交互作用对 TFP 的影响及其核心机理展开深入理论分析与实证检验。

一、研究方法

本书主要采用文献分析、规范以及比较分析、理论建模与数值模拟分析、计量分析等研究方法。具体而言,首先采用文献分析:系统地归纳梳理环境污染、经济增长(全要素生产率)与环境规制等相关文献,就国内外环境规制政策的经济影响进行逻辑归纳和理论提炼,寻找研究的突破口并据此构建本书的研究框架。然后进行规范分析和比较分析:回顾中国环境规制政策的历史沿革,系统梳理其发展脉络,总结其一般经验规律和内在演进逻辑,规范分析命令控制型环境规制政策和市场激励型环境规制政策在中国实践的主要特征和具体措施,比较分析两类环境规制政策的实践手段和污染减排机制的异同,揭示中国环境规制政策未来可能发展趋势的内在规律。再者进行理论建模与数值模拟分析:紧密结合中国环境规制政策的特征以及要素市场扭曲(尤其是资本市场存在的金融摩擦产生的资本错配)的现实国情,将命令控制型环境规制政策和市场激励型环境规制政策(具体可细分为排污税费政策、污染减排补贴政策和环保财政支出政策)纳入异质性企业家模型,以数学推导的方式得出相应的理论变量表达式,定性分析其理论含义以及各变量之间内在的逻辑联结,随后以中国现实经济数据为参考依据,对各理论参数进行赋值,借助MATLAB 等统计软件分别就两类环境规制政策对 TFP 的影响及其作用机制进行数值模拟分析及理论验证。最后通过构建计量模型,借助STATA 等统计软件进行实证分析:利用省、地级市、工业企业等宏微观层面经验数据,就环境规制对 TFP 的影响及其核心机理展开经验分析。

二、技术路线

图 1.2 给出本书的技术路线(逻辑结构框架)图。具体而言,本书立足于中国环境规制政策的客观实践,以环境污染、经济增长(全要素生产率)与环境规制等相关文献为理论支撑,构建一个环境规制下连续时间的异质性企业家模型,从理论和经验层面深入剖析两类环境规制政策对 TFP 的影响及其作用机制,最后给出相关政策建议。

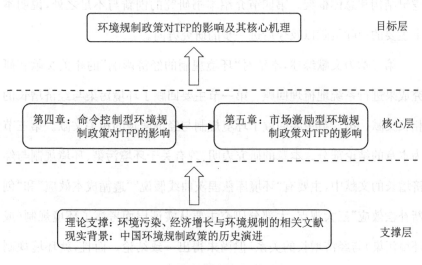

环境规制政策对TFP的影响及其核心机理 —— 目标层

第四章:命令控制型环境规制政策对TFP的影响 ←→ 第五章:市场激励型环境规制政策对TFP的影响 —— 核心层

理论支撑:环境污染、经济增长与环境规制的相关文献
现实背景:中国环境规制政策的历史演进 —— 支撑层

图 1.2 本书的逻辑结构框架图

三、内容概要

本书提出一个环境规制影响企业间要素配置进而影响 TFP 的异质性企业家理论模型分析框架,主要从理论和经验层面深入剖析两类环境规制政策对 TFP 的影响及其作用机制。全文一共分为六章,具体如下。

第一章为导论,主要内容包括本书的研究主题、基本概念、主要内容以及创新与不足。第一节以环境保护问题和生态文明建设为切入点,突出强调了研究"环境规制、要素配置与全要素生产率"的重要意义。第二节详细介绍命令控制型环境规制政策、市场激励型环境规制政策以及公众参与和自愿协议型环境规制政策的基本内涵、主要手段以及优劣特点。第三节简明扼要地介绍本书的核心研究内容(即环境规制政策对全要素生产率的影响及其核心机理分析),并提出贯穿全文的四个基本研究方法,增强研究的科学性和严谨性,然后运用技术路线图直观地展示本书的逻辑结构和总体框架。第四节介绍本书研究的创新与不足之处,说明本书主要的边际贡献以及今后进一步的研究方向。

第二章为文献综述,本章对"环境规制的经济影响"的相关文献和研究成果进行系统地梳理回顾。第一节主要回顾了环境污染与经济增长的相关文献。第二节主要回顾了环境规制与经济增长的相关文献。第三节为本章的结论部分。本章的研究表明:现有关于环境污染、环境规制与经济增长的文献中,主要有"环境库兹涅茨曲线假说""遵循成本效应"和"创新补偿效应"三大观点,大部分研究主要从实证层面考察了环境规制(或环境污染)与经济增长的关系,但尚未得出一致结论。而且,就环境规制的经济影响而言,大部分研究集中于讨论环境规制通过影响企业成本以及企业技术创新能力等因素进而影响企业生产率,却在一定程度上忽略了对另一个重要的影响机制的探讨:环境规制影响企业间的要素配置进而影响整个经济的 TFP,这为本书提供了很好的研究视角。

第三章为中国环境规制政策的历史演进,详细梳理总结了命令控制型环境规制政策和市场激励型环境规制政策的历史演进规律以及不同环境规制政策的具体内容及其特点。第一节介绍了中国命令控制型环境规制政策的历史演进及其主要特征,归纳梳理了环境保护法律法规、环境管理制度以及"两控区"环保标准三种命令控制型环境规制的具体内容和特点。第二节介绍了中国市场激励型环境规制政策的历史演进及其主要特征,回顾总结了排污收费制度和排污权交易两种市场激励型环境规制的具体内容及其特点。第三节为本章的结论部分。本章的研究表明:改革开放以来,中国的环境规制政策以带有明显行政干预和强制性特征的命令控制型环境规制为主,但有向命令控制型和市场激励型等多元化规制手段相结合的发展趋势。

第四章为命令控制型环境规制政策对 TFP 的影响,本章立足于长期以来中国实施的各项命令控制型规制措施的实践,构建一个环境规制下连续时间的异质性企业家模型,深入剖析命令控制型环境规制对 TFP 的影响及其作用机制,同时利用地级市、工业企业层面样本数据进行经验验证。第一节为理论分析部分,介绍了模型的基本框架,求解企业家优化问题,得出总量生产函数以及 TFP 的表达式,再依据中国现实数据匹配进行数值模拟分析,得出本章的理论基准结论。第二节为经验证据部分,以国家环境保护重点城市政策为拟自然实验,基于地级市、工业企业宏微观数据,利用两步双重差分策略,对理论机理和核心结论进行经验验证。第三节为本章的结论部分。本章的研究表明:命令控制型环境规制影响 TFP 的核心原因在于它可影响企业家财富积累进而影响要素配置,它对 TFP 具有弱 U 型影响,而对总产出具有弱 L 型影响。目前我国的命令控制型环境规制力度可能尚处于 U 型曲线的左端,基于地级市数据及工业企业微观数据的分析得到了类似结果,为基准结论提供了良好的微观证据支持。

第五章为市场激励型环境规制政策对 TFP 的影响,立足于市场激励型环境规制政策在中国的实践。本章沿用第四章的理论分析框架,分别考察了排污税费、污染减排补贴和环保财政支出三种不同形式的市场激励型环境规制政策对 TFP 的影响及其作用机制。第一节立足于中国排污收费的实践,将排污税纳入理论模型,考察了排污税费政策对 TFP 的影响。第二节依据"排污税专项用于污染防治"的法规及实践,在上一节理论模型基础上进一步引入污染减排补贴,并考察其变化对 TFP 的影响。第三节在理论模型中引入环保财政支出,可视为对企业的一种特殊补贴,并根据中国现实数据将环保财政支出分为两类:一类是用于提高企业有效环境要素(污染排放)投入的支出,另一类是用于提高总体环境质量的支出,进一步增强了理论模型的现实性,据此考察环保财政支出变化对 TFP 的影响及其作用机制。第四节利用模型的理论预测值与中国的现实数据相匹配,设定命令控制型环境规制和市场激励型环境规制参数的基准值,然后通过数值模拟分析考察了两种环境规制政策的交互影响。第五节以环保财政支出为例,实证检验市场激励型环境规制政策对 TFP 的影响。第六节为本章的结论部分。本章的研究表明:采用单一手段的排污税费政策能有效矫正污染的负外部性,对 TFP 具有较弱的正影响,而对总产出具有较弱的负影响;污染减排补贴政策对 TFP 具有正影响,而对总产出无明显影响;环保财政支出政策对 TFP 和总产出都具有较弱的负影响,且明显有利于减少污染排放和提高总体环境质量;就环保财政支出结构而言,在环保财政总支出保持不变条件下,用于提升环境质量的支出占比越大,会加剧 TFP 的损失,而提高用于增加企业有效环境要素投入支出的占比则有利于提升 TFP,但二者的 TFP 效应较弱;在以命令控制型规制为主导的环境规制政策背景下实施市场激励型环境规制政策，与单独考虑市场激励型环境规制情形时产生的经济影响基本一致。

第六章为结论与建议，本章就各章节分析的结论进行总结，并提出政策建议。第一节为本书的研究结论，主要归纳了我国环境规制政策的特征、命令控制型环境规制政策对 TFP 的影响分析，以及市场激励型环境规制政策对 TFP 影响分析的基本结论。第二节为本书的政策建议，基本观点包括深化完善环境保护法律体系，深化改革环境管理制度，健全我国的金融市场体系，适度提高环境保护税率，健全环境保护财政管理体制，以及采用多元化环境规制手段等。

第四节 创 新 与 不 足

与已有研究成果相比，本书的创新之处主要体现在如下三个方面。

（1）本书紧密结合中国改革开放以来的长期实践，从企业间要素配置视角构建了一个相对统一的分析框架，就"中国环境规制通过企业间要素配置影响 TFP"这一核心机理进行了较深入的理论与实证分析。近年来，要素配置在决定一国 TFP 中的重要作用备受关注，这对于中国特色社会主义新时代供给侧结构性改革和经济高质量发展而言尤为关键（Hsieh and Klenow，2009；贾俊雪，2017）。本书的分析框架较好地捕捉了中国经济增长和环境治理的长期实践特点，有助于厘清中国环境规制对 TFP 的影响、机理及其蕴含的理论内涵，在经验证据与理论机理之间建立起"环规规制影响要素配置进而影响 TFP"的逻辑一致性，弥补以往研究的不足。

（2）就理论分析而言，Tombe 和 Winter(2015)、Li 和 Sun(2015)以及 Andersen(2018)利用异质性企业模型就环境规制通过要素配置对 TFP 的影响及其机理进行了较深入的研究，但未系统考虑企业物质资本投资进而环境规制对物质资本配置的影响、企业信贷约束及其影响、环境的公共池资源特性及其引发的过度攫取。本书的异质性企业模型则全面考虑了上述这些对于中国环境治理和经济高质量增长尤为重要的因素，并进行了较丰富的拓展分析，如考察了不同类型环境规制政策、内生企业退出机制、环境质量效用偏好的影响，特别地，本书还考察了命令控制型和市场激励型两种环境规制的交互影响，因而极大增强了理论分析的现实性，也有利于更好地揭示中国环境规制通过要素配置对 TFP 的影响及其机理。此外，本书借鉴 Achdou 等(2022)提出的隐性-迎风算法(implicit-upwind scheme)，将其运用于数值求解分析中国的环境规制问题，这无疑是对该理论方法的创新应用。

（3）就经验分析而言，与已有研究主要基于微观企业数据不同，本书期望能够提供宏观表现与微观机理较为统一的经验证据，以对本书的核心理论论断进行良好检验。特别是在命令控制型环境规制政策的实证检验中，首先利用改革开放以来近30年的地级市数据从宏观视角考察了环境规制的 TFP 效应以及规制力度对其的影响；其次，利用中国工业企业数据从微观视角考察了环境规制对企业 TFP 和地级市-行业要素配置效率的影响，以及较丰富的异质性效应。为了解决国家环境保护重点城市政策存在的内生性选择问题——导致一步双重差分法的识别条件即平行趋势条件不满足，本书借鉴 Greenstone 和 Hanna(2014)的做法采用了两步双重差分策略,识别出环境规制对 TFP 的因果性影响,并进行了一系列较细致的有效性和稳健性检验。

本书的不足之处主要体现在以下两个方面。一是关于市场激励型环境规制对 TFP 影响的稳健性分析略显不足。具体而言,本书就命令控制型环境规制对 TFP 的影响及其作用机制做了大量稳健性分析,包括几乎所有核心参数变化以及不同模型设定的影响,极大增强了基准结论可靠性和现实意义。但对于市场激励型规制对 TFP 影响的理论分析,主要侧重考察不同规制手段的影响,并得出排污税费、污染减排补贴以及环保财政支出三种规制手段对 TFP 影响的主要结论和核心机理,从而忽略了针对每一种规制手段决定 TFP 效应的各种因素进行全面详尽的理论分析。二是市场激励型规制的研究结论有待进一步实证检验。本书并未对排污税费、污染减排补贴等市场激励型环境规制对 TFP 的影响进行实证层面的分析,以及实证检验市场激励型规制对企业要素配置影响这一核心机理,这将是后续研究中值得持续追踪的问题。

第二章
文献综述

长期以来,环境规制的经济影响一直是学者关注的重点,已有文献研究主要聚焦于两大主题,即环境污染与经济增长、环境规制与经济增长(全要素生产率),且都形成了较为有影响力的观点。其中,前者的主要观点有"环境库兹涅茨曲线",后者的主要观点有"遵循成本效应"和"创新补偿效应"。本书以此构建文献分析框架,就"环境规制的经济影响"的相关文献和研究成果进行系统地梳理回顾。

第一节 环境污染与经济增长

一、理论观点

现有文献在研究环境污染与经济增长之间关系时,形成了一个较为有影响力的观点,即环境库兹涅茨曲线(Environmental Kuznets Curve, EKC)假说,其中 Grossman 和 Krueger(1991, 1995)以及 Panayotou (1993)的研究为这一假说的开创性代表。Kuznets(1955)构建一个经验分析框架,深入探讨了个人收入分配长期变化的特征和原因,并指出收入不平等与经济发展之间呈倒 U 型关系,这就是著名的库兹涅茨曲线,又称倒 U 型曲线(Inverted U-shaped Curve)。Grossman 和 Krueger(1991,1995)将上述研究拓展到环境污染领域,深入探讨了经济发展对环境污染潜在的作用机制:一是经济的规模扩张和要素需求扩大会增加污染排放,从而加剧环境污染;二是经济发展同时促进技术的创新进步(如清洁生产技术)和产业结构转型升级,进而有利于减少污染排放、提升环境质量。在上述机制的共同作用下,环境污染与经济发展之间呈现出倒 U 型关系,即在经济发展的早期阶段,污染排放(二氧化硫和烟尘)的浓度随着人均 GDP 的增加而增加,而当经济发展到一定阶段时,污染排放(二氧化硫和烟尘)的浓度随着人均 GDP 的增加而减少。Panayotou(1993)进一步将环境污染与经济增长之间的这种倒 U 型关系命名为"环境库兹涅茨曲线"。

已有的一些理论文献研究较好地支持了环境库兹涅茨曲线假说(Lopez,1994;John and Pecchenino,1994;Selden and Song,1995;Stokey,1998;Lopez and Mitra,2000;Brock and Taylor,2010;陆旸和郭路,2008)。例如,Lopez(1994)将环境作为生产活动的影响因素纳入模型框架,分析了经济增长、贸易自由化对污染的影响机制,得出了环境污染与经济增长之间呈倒 U 型关系的结论。John 和 Pecchenino(1994)采用世代交叠模型分析了经济增长与环境质量的关系,研究发现经济发展的初期阶段,环境质量会随着经济增长而出现下降,当经济发展到一定阶段,环境质量会随着经济增长而不断得到改善,从理论层面很好地支持了环境库兹涅茨曲线假说。Selden 和 Song(1995)在福斯特的新古典主义环境增长模型的基础上进行拓展,深入剖析了环境污染、减排努力与经济发展之间的动态关系,为环境污染与经济增长之间的倒 U 型曲线关系提供了理论证明。Stokey(1998)构建一个简单的污染理论模型,验证了环境污染与人均收入之间呈倒 U 型关系。Lopez 和 Mitra(2000)构建一个政府和民营企业之间合作与非合作策略互动的理论分析框架,探讨了政府的腐败和寻租行为对环境污染与经济增长之间关系的影响。研究发现,即使在腐败条件下,环境库兹涅茨曲线依然存在。陆旸和郭路(2008)构建一个典型主体的中央计划者模型,分析了环境支出与环境污染的最优增长路径,指出在排污技术规模报酬不变条件下,环境库兹涅茨曲线假说成立。Brock 和 Taylor(2010)构建一个包含污染减排技术的绿色索洛模型(Green Solow-Model),从理论上证明了污染排放与人均收入之间的倒 U 型关系。

二、经验证据

事实上,支持环境库兹涅茨曲线假说的最早证据就是基于跨国经验数据的分析而得出的(Grossman and Krueger, 1991, 1995),该观点在后续的实证研究中又不断得到验证(Panayotou, 1993; Selden and Song, 1994; Carson et al., 1997; Hilton and Levinson, 1998; Galeotti and Lanza, 2005)。例如,Panayotou(1993)基于跨国数据探讨了环境污染与经济增长的关系,指出随着经济不断发展,环境质量先是加剧恶化,而后不断改善,并将二者的这种倒 U 型关系称为"环境库兹涅茨曲线"。研究进一步发现,相较于发达国家,发展中国家的环境库兹涅茨曲线更加陡峭,其陡峭程度部分取决于政策扭曲的程度,例如对能源和农用化学品的补贴、对工业的保护以及对自然资源的低定价等，都不利于缓解环境污染与经济增长的倒 U 型关系。Selden 和 Song(1994)利用 1973—1984 年跨国数据探讨了空气污染(悬浮颗粒物、二氧化硫、氮氧化物和一氧化碳排放)与人均 GDP 的关系，研究表明环境库兹涅茨曲线假说成立，并指出虽然从长期来看，污染排放会减少，但未来数十年内全球污染排放依然会急剧增加。Carson 等(1997)指出以往有关环境库兹涅茨曲线的经验研究，其样本数据的可比性和质量方面存在较大差异，故采用 1988—1994 年美国 50 个州的 7 种空气污染数据来规避上述问题，研究发现，7 种空气污染的排放量都随着人均收入的增加而减少(处于倒 U 型曲线的右端)，异质性分析表明，收入较低的国家在人均污染排放水平上的差异要比收入较高的国家大得多。Hilton 和 Levinson(1998)利用 1972—1992 年 48 个国家跨国数据发现，汽车铅排放与国民收入存在倒 U 型关系，支持了环境库兹涅茨曲线假说，并指出倒 U 型曲线的峰值可能跟估计方法和样本期的选择高度相关。Galeotti 和 Lanza(2005)利用 1971—1995 年 108 个国家跨国数据发现，碳排放与人均 GDP 之间存在倒 U 型关系，验证了环境库兹涅茨曲线假说。

近年来，也有部分国内学者基于中国的经验数据验证了环境库兹涅茨曲线假说(陈华文和刘康兵，2004;符淼，2008;刘笑萍等，2009;林伯强和蒋竺均，2009;许广月和宋德勇，2010;高宏霞等，2012;王勇等，2016;刘净然等，2021)。例如，陈华文和刘康兵(2004)利用 1990—2001 年上海市二氧化硫、总悬浮颗粒、氮氧化物、一氧化碳等大气污染浓度数据发现，空气污染与人均收入之间呈倒 U 型关系，并指出环境库兹涅茨曲线是一个动态变化过程，与特定时期的政治经济条件有关。符淼(2008)指出，采用非参数估计的方法可有效避免模型预设以及随机扰动项正态分布的假设,基于 1986—2006 年中国省际污染数据发现,废水污染与经济增长呈倒 U 型关系,且当人均 GDP 为 1.9 万元左右时出现拐点。刘笑萍等(2009)利用 1989—2008 年中国人均二氧化硫数据,验证了人均二氧化硫排放与人均 GDP 之间存在环境库兹涅茨曲线,并指出当人均 GDP 为 24 689 元(以 2006 年的不变价格计算)时,中国二氧化硫的污染排放达到拐点,且预测这一拐点的出现时间大约为 2011 年左右。林伯强和蒋竺均(2009)基于 1960—2007 年中国人均二氧化碳排放数据,采用二氧化碳库兹涅茨模型估计了人均碳排放与人均收入之间的关系(即倒 U 型),但通过 STIRPAT 模型进一步发现,人均碳排放会受到能源消费强度和能源结构碳强度等因素的影响,因而利用传统模型对碳排放拐点估计的预测结果可能失效。许广月和宋德勇(2010)利用 1990—2007 年中国省际碳排放数据发现,东部和中部地区人均碳排放与人均 GDP 之间存在明显的倒 U 型关系,并指出碳排放出现拐点的时间大约在 2025 年,届时会实现经济增长和环境质量改善的双赢局面。高宏霞等(2012)利用 2000—2009 年中国 31 个省际污染数据发现,工业废气和二氧化硫污染与人均 GDP 之间遵循环境库兹涅茨曲线假说,并指出各地区工业废气和二氧化硫污染排放的拐点出现时间存在较大差异,这可能是由于区域经济发展不平衡所导致的。王勇等(2016)利用中国省际污染数据同样证实了环境污染与经济增长的倒 U 型关系,但指出由于二氧化硫、烟尘等污染物排放存在时间趋势的反复,导致环境库兹涅茨曲线并非完全光滑。刘净然等(2021)利用中国 88 个城市雾霾治理数据研究发现,雾霾污染与经济增长的环境库兹涅茨曲线假说成立,动态环境规制政策是二者形成倒 U 型关系的主要形成机制。

此外,还有部分研究认为环境库兹涅茨曲线假说并不必然成立(Shafik,1994;Stern and Common,2001;Vincent,1997;Auffhammer and Carson,2008;Pata and Caglar,2021;彭水军和包群,2006;张成等,2011;王敏和刘滢,2015;肖严华等,2021)。例如,Shafik(1994)利用1960—1990年149个国家跨国数据发现,不同环境污染指标的估计结果呈现较大差异:随着人均收入增加,大气中的硫氧化物和颗粒污染排放先增后减,而河流中的溶解氧、城市固体废物以及碳排放会持续增加,环境污染与经济增长之间并不必然存在倒U型关系。Stern和Common(2001)利用20世纪60至90年代跨国数据发现,由于存在与GDP相关的遗漏变量,简单的环境库兹涅茨曲线模型估计有误。Vincent(1997)利用20世纪80年代马来西亚17个州的污染数据发现,样本所选用的六种污染排放数据与收入之间均不呈现倒U型关系,因而并没有发现环境库兹涅茨曲线的存在,并强调了政府决策对于改善环境质量的重要性。Auffhammer和Carson(2008)利用1985—2004年中国省际数据,在动态环境库兹涅茨曲线规范分析框架下,考察了经济增长对碳排放的影响,并未发现二者之间的倒U型关系。彭水军和包群(2006)构建一个包含环境污染约束的内生增长模型,指出环境污染对经济增长具有反作用,故环境库兹涅茨曲线并不一定存在。张成等(2011)利用中国1991—2008年31个省际数据发现,环境污染与经济增长的关系高度依赖于地区和污染指标的选取,可呈现单调递减、U型、倒U型、N型和倒N型多种形态。王敏和刘滢(2015)利用2003—2010年中国112个城市的空气污染浓度(主要包括PM_{10}、NO_2和SO_2)监测数据发现,大气污染浓度与人均GDP

之间呈 U 型关系,与传统环境库兹涅茨曲线的观点截然相反;通过大气中二氧化硫浓度和人均工业二氧化硫排放两种样本数据回归结果的对比分析,进一步指出,采用不同的样本数据可能会导致研究结论存在较大差异。Pata 和 Caglar(2021)利用 1980—2016 年中国时间序列数据发现,碳排放与经济增长之间呈 U 型关系。肖严华等(2021)利用长三角区域 41 个城市数据发现,空气污染与经济增长之间存在显著的 U 型关系,并不存在长三角区域的环境库兹涅茨曲线。

综上,环境库兹涅茨曲线假说是否成立并未得出一致结论,但上述研究成果给出一个重要启示:环境污染与经济增长之间必然具有内在联系,这为在后续的经济增长理论分析中,将环境污染因素纳入理论分析框架提供了重要依据。

第二节　环境规制与经济增长

现有文献关于"环境规制与经济增长的关系"进行了大量研究,考察了环境规制对经济增长或 TFP 的影响,但尚未得到一致结论。研究成果可大致分为三类:第一种观点认为环境规制不利于经济增长(即遵循成本效应);第二种观点认为环境规制有利于经济增长(即创新补偿效应);第三种观点认为环境规制对经济增长的影响具有不确定性。因此,以上述研究观点为主要文献分类依据,后文将对环境规制的经济影响相关研究成果展开详细论述。

一、理论观点

现有文献关于"环境规制与经济增长的关系"比较有影响力的观点为"遵循成本效应"和"创新补偿效应"。遵循成本效应的核心思想认为,环境规制增加了企业生产成本,对企业生产具有抑制作用,从而不利于经济增长——若实施环境规制政策对企业污染排放进行限制,企业就需要增加污染减排投入,从而会增加企业的额外费用(例如,为了减少排放,企业需要购买新的设备和学习新的工艺以及雇用更多劳动,甚至直接削减企业产出),从而增加了企业的生产成本,支持该观点的早期代表性研究成果主要由 Haveman 和 Christainsen(1981)、Gray(1987)以及 Jorgenson 和 Wilcoxen(1990)等依据经验分析得出。与之相反,创新补偿效应的核心思想则认为,当企业面临严格的环境规制约束,就会形成推动技术创新、加大新产品和新工艺研发投入的倒逼机制:一方面,企业通过技术创新进步以提高生产效率、节约要素使用成本,进而规避环境规制带来的成本上升压力;另一方面,企业研发的新产品能帮助企业扩大市场占有率,提升企业竞争优势,进而促进企业产出增加、实现环境质量友好和经济可持续增长的双赢局面,这一观点无疑为较严格环境规制政策的制定提供了依据。较早有力支撑"环境规制的创新补偿效应"观点的研究成果是著名的波特假说(Porter hypothesis),该假说突出强调了环境规制对技术创新的促进作用,认为动态分析框架下,严格的环境规制能够驱动企业不断提升技术创新能力,进而减少生产成本,使产品获得竞争优势,最终推动经济增长(Porter,1991;Porter and C. van der Linde,1995)。

尽管"遵循成本效应"和"创新补偿效应"观点的开创性代表成果都是

基于经验分析,并没有通过建模与数值模拟等分析方法进行严格地理论证明。但在已有的理论文献中,大多数研究成果将环境污染负外部性(环境质量正外部性)和环境要素(污染排放)纳入理论模型,然后考察环境规制政策对经济的影响,为上述两种观点间接地提供了理论证据。一些理论文献较好地支持了环境规制的遵循成本效应(Ligthart and van der Ploeg, 1994;Tombe and Winter, 2015;范庆泉和张同斌,2018)。例如,Ligthart 和 van der Ploeg(1994)将污染排放视为一种副产品(by-product)纳入模型分析框架,认为严格的环境规制降低了经济增长率,并且改变了政府公共支出结构,即由生产性公共支出转向消费性(减排)支出。Tombe 和 Winter(2015)构建一个包含劳动和污染排放要素的异质性企业模型,指出企业间生产率的差异是决定环境规制经济成本的重要因素,环境规制导致劳动要素错配,不利于经济增长。范庆泉和张同斌(2018)构建了一个包含环境税和减排补贴(市场激励型规制)的理论模型,研究发现单一环境税(或减排补贴)政策可能无法有效控制环境污染,从而导致生产率损失。

另一些理论文献则较好地支持了环境规制的创新补偿效应(Bovenberg and Mooij, 1997;Schwartz and Repetto, 2000,Mohr, 2002;范庆泉等,2016;童健等,2016)。例如,Bovenberg 和 Mooij(1997)将环境污染的负外部纳入内生增长理论框架,研究发现环境税(市场激励型规制)不仅能够有效矫正污染负外部,而且有利于经济增长;Schwartz 和 Repetto(2000)将环境质量和闲暇时间纳入居民福利函数,研究发现环境税并不必然会加剧劳动力市场的扭曲,相反,较高的环境质量会增加劳动要素的供给,进而有利于经济增长。Mohr(2002)提出一个包含生产规模外部经济和离散技术的一般均衡分析框架,较好地支持了波特假说,并指出内生技术变化是波特假说成立的重要条件。范庆泉等(2016)基于一个包含动态环境税、污染累积与经济增长的理论分析框架,研究发现,在一定条件下征收动态环境税能够实现降低污染和推动经济增长的双重红利。童健等(2016)构建一个包含污染和清洁两种行业且面临不同环境规制约束的理论模型,研究发现环境规制对生产技术具有 J 型影响,并基于2002—2012 年中国 30 个省际工业行业数据验证了这一机制。此外,也有部分理论研究表明环境规制对经济的影响是非线性的,Bovenberg 和Smulders(1995,1996)构建一个包含污染减排技术和环境质量外部性的内生增长模型,研究发现严格的环境规制在短期内不利于产出和企业生产率,但在长期内则有利于经济增长。

二、经验证据

也有大量文献从实证层面考察了环境规制对经济增长的影响,为环境规制的遵循成本效应和创新补偿效应提供了经验证据。

支持"遵循成本效应"观点的早期实证研究成果中,较为集中地验证了命令控制型环境规制是美国 20 世纪 70 年代经济下滑的重要原因之一(Haveman and Christainsen,1981;Gollop and Roberts,1983;Gray,1987;Barbera and McConnell,1990;Jorgenson and Wilcoxen,1990;Dean and Brown,1995)。例如,Haveman 和 Christainsen(1981)利用美国制造业数据发现,1973—1977 年美国制造业的劳动生产率比 1958—1965 年下降了 1.3 个百分点,这其中有 12%—25% 的边际贡献可归咎于环境监管。Gollop 和 Roberts(1983)利用 1973—1979 年美国电力行业

数据发现,环境规制显著增加了电力行业成本(规制力度每增加 1%,发电成本就会增加 47.8 万美元),导致行业生产率年均下降 0.59 个百分点。Gray(1987)利用 1958—1978 年美国 450 家工业企业调查数据发现,工人安全监管和环境规制共同导致工业 TFP 下降了 0.44 个百分点,占美国 70 年代工业 TFP 总下降幅度的 30% 以上。Barbera 和 McConnell(1990)利用 1960—1980 年美国污染产业的数据发现,环境规制直接推动污染企业生产成本上升,从而导致这些行业的生产率下降。Jorgenson 和 Wilcoxen(1990)利用 1973—1985 年美国的经济数据发现,环境规制使得企业经营成本和减排投资增加,导致 GDP 水平下降了 0.191 个百分点。Dean 和 Brown(1995)利用 1976—1980 年美国 449 家工业企业数据发现,环境规制导致企业投资成本增加,且对新企业的进入具有明显的阻碍作用。

后续的国外相关研究成果亦很好地检验了"遵循成本效应",且研究方法不断改进、样本选择的时间和空间跨度更广、研究视角也越来越微观化和具体化,进一步扩大了这一观点的影响(Conrad and Wastl,1995；Boyd and McClelland,1999；Joshi and Krishnan,2001；Greenstone,2002；Gray and Shadbegian,2003；Chintrakarn,2008；Greenstone et al.，2012)。例如,Conrad 和 Wastl(1995)利用 1975—1991 年德国污染企业数据发现,环境规制导致 TFP 下降。Boyd 和 McClelland(1999)利用 1988—1992 年美国造纸行业数据,并通过方向距离生产函数测算了该行业能源利用效率和生产率的损失,研究发现,其中有 36% 的损失份额是由于实施环境规制措施所导致的。Joshi 和 Krishnan(2001)利用 1979—1988 年美国 55 家钢铁制造企业数据发现,环境监管的可见成本每增加1美元,总成本相应增加10美元至11美元,并进一步指出环境规制下企业的环境遵从成本容易发生扭曲,从而导致企业的潜在成本(Hidden-Costs)增加。Greenstone(2002)利用1967—1987年175万家企业数据发现,环境规制导致就业、企业投资以及产出显著下降。Gray和Shadbegian(2003)利用1979—1990年美国116家纸浆和造纸企业数据发现,由于各企业之间的生产技术存在异质性,这会导致不同企业污染治理成本对生产率的影响存在巨大差异——对于综合企业(Integrated-Mills,即同时具备纸浆和造纸技术)而言,环境规制带来的污染减排成本对它们的企业产出具有显著负影响,导致企业生产率降低9.3%;而对于非综合企业而言,生产率下降仅为0.9%。Chintrakarn(2008)利用1982—1994年美国48个州的制造业数据发现,更严格的环境规制会加剧制造业技术效率的损失。Greenstone等(2012)利用1972—1993年美国120万家制造业企业调查数据,首次对美国环境规制(《空气清洁法案》)的经济成本进行了大规模的估算,研究发现,环境规制导致TFP下降了2.6%,其中臭氧管理条例对企业生产力的负影响尤为突出。

国内一些学者基于中国的经验数据也很好地支持了"环境规制的遵循成本效应"观点(解垩,2008;李小胜和安庆贤,2012;徐彦坤和祁毓,2017;盛丹和张国峰,2019;李卫兵等,2019)。例如,解垩(2008)基于1998—2004年中国31个省际工业数据,通过数据包络分析(以下简称DEA)方法估算出样本期间的工业技术效率,研究发现,环境规制对工业技术效率具有较弱的负影响。李小胜和安庆贤(2012)则利用方向性距离函数和Malmquist-Luenberger指数方法估算了1998—2010年中国工业行业的环境规制成本和环境全要素生产率,研究发现,为实现减排目标而产生的环境规制成本会导致中国付出较大的经济代价。徐彦坤和祁毓（2017）利用 1998—2007 年规模以上工业企业年度数据，并以 2003 年"中国实施的《大气污染防治重点城市规划方案》"这一拟自然实验为基础，估计了环境规制对工业 TFP 的影响，研究发现，环境规制推升了企业生产成本，且不利于企业创新，最终导致 TFP 下降 1.96%。盛丹和张国峰（2019）利用 1995 年、2004 年经济普查数据和"无条件分布特征—参数对应"的分析方法估计了中国 1998 年实施的"两控区"（酸雨控制区和二氧化硫污染控制区）环保标准政策的经济影响，研究发现，严格的环境规制推动了企业生产成本的增加，从而抑制了企业生产率的增长。李卫兵等（2019）先通过 SBM 方向性距离函数测算出 1990—2014 年中国 218 个地级城市的绿色全要素生产率，然后利用倾向匹配得分和双差分的计量策略估计了"两控区"政策对绿色 TFP 的影响，研究发现，环境规制限制了政府规模、技术进步、人力资本投入以及能源消耗等促进绿色 TFP 的重要因素，从而抑制了绿色 TFP 的提升。

关于"创新补偿效应"同样不乏国外研究成果的实证检验（Jaffe and Palmer, 1997；Berman and Bui, 2001；Murty and Kumar, 2003；Hamamoto, 2006；Johnstone et al., 2010；Franco and Marin, 2017；Santis et al., 2020）。例如，Jaffe 和 Palmer（1997）利用 1973—1991 年美国工业数据发现，环境规制对工业行业的研发（以下简称 R&D）投入具有显著的正影响，即污染减排成本增加 1%，会导致 R&D 投入增加 0.15%，支持了波特假说。Berman 和 Bui（2001）利用 1979—1992 年美国炼油厂数据发现，受到较严格环境规制的洛杉矶空气盆地炼油厂的生产率在 1987—1992 年期间急剧上升，而其他地区的炼油厂生产率则下降，并指出以往实证研究可能高估了环境规制带来的经济成本,环境规制对企业生产率具有促进作用。Murty 和 Kumar(2003)利用 1996—1999 年印度 92 家制糖企业数据发现,企业的技术效率会随着企业对环境规制(环境法规和节水措施)遵从程度的增加而增加,支持了波特假说。Hamamoto(2006)利用 1966—1982 年日本制造业数据发现,严格的环境规制会迫使企业增加 R&D 投入以及采用更清洁的生产技术,进而对 TFP 具有显著促进作用,为波特假说提供了经验证据。Johnstone 等(2010)利用 1978—2003 年 25 个国家的专利数据发现,公共政策对于专利申请具有决定作用,差异化和具体化的环境规制有利于促进企业技术创新,例如,颁发可交易的能源证书有利于激发有关化石燃料方面的技术创新。Franco 和 Marin(2017)利用 2001—2007 年欧洲 8 个国家的制造业数据发现,环境税有利于促进企业技术创新,尤其对下游行业的影响更为突出,支持了波特假说。Santis 等(2020)利用 1990—2015 年经济合作与发展组织(以下简称 OECD)跨国数据发现,环境规制对 TFP 具有促进作用。

近年来,越来越多的研究成果也为"波特假说"提供了中国的经验证据(Tong et al., 2022;王兵等,2008;张红凤等,2009;张成等,2010;李胜文等,2010;Yang et al., 2012;李树和陈刚,2013;王俊,2016;史贝贝等,2017;陶锋等,2021;戴魁早和骆莙函,2022)。例如,Tong 等(2022)利用 2010—2021 年中国省级面板数据发现,严格的环境规制能显著提升中国的绿色生产率。王兵等(2008)利用 1980—2004 年 APEC 17 个国家和地区数据发现,若不考虑环境规制的影响,APEC 的 TFP 增长率为 0.44%,反之,若采取限制碳排放措施,则其 TFP 增长率为 0.55% 或

0.56%,这说明环境规制促进了 TFP 增长。张红凤等(2009)利用 1986—2005 年山东省的经济和环境污染数据发现,严格的环境规制有利于山东污染密集型产业的发展,对该地区的经济增长具有显著的促进作用。张成等(2010)利用 DEA 方法测算了 1996—2007 年中国的工业 TFP,通过协整分析发现,环境规制对 TFP 有促进作用,且这一效应在长期来看更为显著。李胜文等(2010)利用随机前沿生产函数估算了 1986—2007 年中国省级层面的环境效率,研究发现,征收排污费有利于提高环境效率,其在东部地区的正影响尤为显著。Yang 等(2012)基于 1997—2003 年台湾地区工业行业数据实证检验了环境规制、R&D 投入与生产力的关系,研究发现,更严格的环境规制有利于促进 R&D 投入,进而对 TFP 产生显著的正影响。李树和陈刚(2013)以 1994—2008 年工业行业数据为基础,利用双重差分计量策略识别了 2000 年"中国《大气污染防治法》(APPCL2000)的修订"这一拟自然实验的处理效应,研究发现,这一规制政策提升了空气污染密集型行业的 TFP,并指出严格且适宜的环境规制可能有利于实现环境和经济绩效的双赢局面。王俊(2016)利用 2003—2010 年中国省际数据发现,环境规制会促进企业增加 R&D 投资,进而有利于提升企业生产率。史贝贝等(2017)基于 1994—2010 年中国地级市面板数据,以"两控区"政策作为拟自然实验,采用双重差分法的计量策略评估环境规制对城市经济增长的影响,研究表明环境规制对城市的经济增长具有显著的促进作用。陶锋等(2021)利用 2002—2016 年国际专利分类(IPC)大组层面的面板数据发现,环境规制总体上有利于绿色技术创新。戴魁早和骆莙函(2022)利用 2009—2017 年中国 284 个地级市面板数据发现,环境规制对工业绿色全要素生产率具有促进作用。

此外,还有一些研究发现环境规制对经济的影响是不确定的,不同模型设定、不同样本数据以及不同计量方法的选择导致研究结果存在较大差异。

(1)异质效应。有些研究发现,环境规制的经济影响跟时间跨度有关,不同时期的影响存在差异性(Lanoie et al.,2008;Albrizio et al.,2017)。Lanoie 等(2008)利用 1985—1994 年加拿大魁北克制造业数据发现,环境规制在短期内对 TFP 具有抑制作用,在长期则具有一定的促进作用。Albrizio 等(2017)基于 1990—2009 年 OECD 国家工业数据,构建了环境规制强度指数(EPS index),研究发现,环境规制在短期内对 TFP 具有促进作用,长期则没有显著影响。另一些研究则发现,不同国家地区或不同行业间环境规制的经济影响呈现出明显的异质性特征(Aplay et al.,2002;沈能,2012)。Aplay 等(2002)利用 1971—1994 年墨西哥以及 1962—1994 年美国食品制造业数据,实证检验了样本期内两国环境规制对食品企业生产率的影响,研究结果存在较大差异:严格的环境规制促进了墨西哥食品制造业 TFP 的提升,证实了波特假说,但环境规制的正效应并没有得到美国经验数据的支持。沈能(2012)利用 2001—2010 年中国工业行业数据测算了刻画各行业产业绩效的环境效率指数,研究发现,不同行业间环境规制对环境效率的影响存在较大差异:对于污染密集型行业,环境规制的"遵循成本"大于"创新补偿"效应,即抑制企业产出;对于清洁生产型行业,环境规制对企业产出的影响显著为正。

(2)非线性效应。国内的一些研究通过构建理论模型或经验数据捕捉了环境规制的非线性效应(Zheng et al.,2023;傅京燕和李丽莎,2010;

张成等,2011;李玲和陶锋,2012;蒋伏心等,2013;王杰和刘斌,2014)。Zheng 等(2023)利用 2003—2019 年长江经济带城市面板数据发现,环境规制对经济增长具有 U 型影响。傅京燕和李丽莎(2010)利用 1996—2004 年中国 24 个制造业数据发现,环境规制(环境规制强度指数)对企业的比较优势具有 U 型影响。张成等(2011)构建一个只包含资本投入的简单厂商模型发现,环境规制对企业的生产技术进步具有 U 型影响,并利用 1998—2007 年我国 30 个省际工业部门数据验证了这一机制。李玲和陶锋(2012)利用 1999—2009 年中国 28 个制造业数据,通过 SBM 方向性距离函数和 Luenberger 生产率指标分解测算出分行业的绿色 TFP,研究发现,环境规制对绿色 TFP 具有 U 型影响。蒋伏心等(2013)基于 2004—2011 年江苏省 28 个制造业行业数据,采用两步 GMM 法实证检验了环境规制的技术创新效应,研究发现,环境规制对企业技术创新具有 U 型影响。王杰和刘斌(2014)构建一个简单同质生产者模型发现,环境规制对企业 TFP 具有倒 N 型影响,并利用 1998—2011 年中国工业企业数据验证了这一机制。

(3)无效应。部分研究发现环境规制对经济无显著影响(Jaffe et al.,1995;Rubashkina et al.,2015;Lena et al.,2022)。Jaffe 等(1995)指出,有关环境规制对经济影响的实证研究结果受诸多因素(度量方法、样本选择等)的制约,故并没有证据表明更严格的环境规制对美国制造业竞争力有显著的正或负面影响。Rubashkina 等(2015)利用 1997—2009 年欧洲 17 个国家制造业数据的研究发现,环境规制对 TFP 没有显著影响。Lena 等(2022)利用 1995—2017 年意大利 13 个制造业数据发现,环境规制对 TFP 的影响不为负。

第三节 小　　结

综观上述文献,大部分研究主要从实证层面考察了环境规制对经济增长的影响,研究结论也存在较大的差异,这可能是由于采用的样本数据、环境规制度量方法和计量策略不同而导致的。而且,已有研究成果主要集中于从企业生产成本(遵循成本效应)以及企业技术创新能力(创新补偿效应)等机制视角实证检验了环境规制对企业生产率的影响,却在一定程度上忽略了对另一个重要影响机制的探讨:环境规制影响企业间的要素配置进而影响整个经济的 TFP 和经济增长。

近年来,越来越多的研究开始强调企业间要素配置在 TFP 决定中的重要性,考察了信贷约束、市场垄断和公共基础设施投资等对企业间要素配置进而对 TFP 的影响(Restuccia and Rogerson,2008;Hsieh and Klenow,2009;Song et al.,2011;Buera and Shin,2013;Moll,2014;Tombe and Winter,2015;Andersen,2018;盖庆恩等,2015;贾俊雪,2017;尹恒和张子尧,2021)。但目前,大部分国内文献对环境规制的要素配置,进而对 TFP 效应尚缺乏清晰、深刻的统一认识(韩超等,2017,2021;徐彦坤和祁毓,2017;李蕾蕾和盛丹,2018;王勇等,2019;何凌云和祁晓凤,2022)。例如,韩超等(2017)较早地利用中国工业企业数据考察了环境规制对企业间要素配置进而对 TFP 的影响,发现环境规制有利于改善要素配置效率、提升 TFP。李蕾蕾和盛丹(2018)基于工业企业数据的分析表明,环境规制通过抑制低生产率企业进入和促进低生产率企业退出,有利于改善要素配置效率。韩超等(2021)也利用工业企业数据发现,环境规制有利于改善要素配置效率,但关注的重点在于由此带来的减排效应。与上述研究不同,徐彦坤和祁毓(2017)利用工业企业数据发现,环境规制导致重污染行业的企业进入率下降、退出率上升,但没有明显改善要素配置效率。王勇等(2019)基于工业企业数据发现,环境规制有利于改善要素配置效率,但对行业加总 TFP 的影响很小。何凌云和祁晓凤(2022)利用工业企业数据则发现,环境规制对能源配置效率倾向具有倒U 型影响。综观已有文献,还鲜有研究在一个相对统一的分析框架内同时就环境规制对要素配置进而对 TFP 的影响进行较深入的理论与实证分析,未能在经验证据与理论机理之间建立起良好的逻辑一致性。因此,本书在梳理现有研究成果的基础上,提出一个环境规制影响企业间要素配置进而影响 TFP 的理论分析框架,从理论和经验层面深入剖析环境规制对 TFP 的影响及其作用机制。

第三章
中国环境规制政策的历史演进

自 20 世纪 70 年代以来,中国逐步组建和改革环境保护机构,陆续召开全国环境保护会议,出台一系列环境法律法规,并制定具体的环境规制政策,进而形成较为完善的环境保护体系。本章旨在系统梳理中国环境规制政策的发展历程,核心围绕"命令控制型环境规制政策和市场激励型环境规制政策"归纳总结中国环境规制政策的历史演进规律以及不同环境规制政策的具体内容及特点,为后文就环境规制政策对 TFP 影响的理论建模、数值模拟分析以及实证检验提供现实依据。本章余下部分的结构安排如下:第一节介绍了中国命令控制型环境规制政策的历史演进及其主要特征,第二节介绍了中国市场激励型环境规制政策的历史演进及其主要特征,第三节为本章的结论部分。

第一节　命令控制型环境规制政策的历史演进

新中国成立至今,国家环境保护机构一共经历了八次主要变革。在

1972 年联合国第一次人类环境会议和 1973 年第一次全国环境保护会议之后,1974 年 10 月,国务院环境保护领导小组正式成立,标志着我国关于环境保护工作正式组建专门的国家级领导机构。1982 年 5 月,中央组建城乡建设环境保护部,依据环境保护工作的独立性和复杂性,专门内设环境保护局,统筹规划全国的环境保护工作。1984 年 5 月,国务院环境保护委员会成立,同年 12 月,其名称发生了细微的变化——"城乡建设环境保护部环境保护局"改名为"城乡建设环境保护部国家环境保护局",突出了国家对环境保护工作的领导。1988 年 7 月,国家环境保护局从城乡建设环境保护部中分离出来,成为独立的副部级单位,细化了国家环境保护局内部机构的职能,大大加强了环境保护工作的独立性及其对环境污染治理的调控能力。1998 年 6 月,撤销国务院环境保护委员会,将国家环境保护局升格为国家环境保护总局,成为正部级单位,在同年撤销原有机械部、化工部等一批部委时,国家环境保护局是唯一升格的机关单位,足见中央对环境保护的重视程度,升格后的国家环境保护总局进一步加大了行使环境污染治理权力的力度。2008 年 7 月,国家环境保护总局进一步升格为环境保护部,扩大了环境保护职能。2018 年 3 月,撤销环境保护部,成立生态环境部,名称的转变从客观上反映了中央对于环境保护战略定位布局的变化,即环境保护工作不再局限于防治环境污染,还赋予了"生态文明建设、推动绿色发展和建设美丽中国"的基本使命。由此可见,环保机构的调整和组建折射出中央对于环境问题的认识程度随着时间推移而变得更加全面深刻,环境规制力度不断加强,客观上为以政府行政干预为主的命令控制型环境规制政策的制定提供了秩序和平台的保障。

命令控制型环境规制政策是我国最主要的环境规制手段之一,它在相对较长的一段时期内占据环境规制政策的主导地位,对我国环境污染治理和生态文明建设产生了重要的积极影响,其主要涵盖了两个方面的内容,即环境保护法律法规和具体的命令控制型规制措施。[①]

一、环境保护法律法规

新中国成立初期,国家社会经济等各方面都处于复苏阶段,环境问题并没有被摆在突出位置,国民的环境保护意识也较弱,而且当时中国依然是农业大国,相对落后的生产技术和缓慢发展的工业化进程并未造成严重的环境污染。

中国的环境规制政策真正意义上起源于 20 世纪 70 年代。1972 年 6 月,联合国第一次人类环境会议在瑞典首都斯德哥尔摩举行,中国派代表团参加了此次会议,参会国家达到 133 个。该会议使参会各国达成保护和改善人类环境的基本共识,并发布了《联合国人类环境会议宣言》,主要包括人类保护自然环境的重要性、国家应承担保护环境的责任以及国家之间环保合作等多项重要议题,为世界各国环境治理方针和环境政策的制定提供了重要参考价值。此次环境会议对中国环境保护意识的觉醒产生了深刻影响,1973 年 8 月,中国第一次全国环境保护会议在首都北京举行,会议明确提出关于加强环境保护的工作方针,[②]并以此为基础公

---

① 尽管环境保护法律法规也包含了市场激励型环境规制手段的相关法律制度,但总体上,目前中国的环境保护法律法规大部分是针对命令控制型环境规制而言的。为了更全面地回顾命令控制型环境规制政策的发展历程,本书将环境保护法律法规的内容纳入第一节。

② 即著名的"环境保护 32 字工作方针":全面规划,合理布局,综合利用,化害为利,依靠群众,大家动手,保护环境,造福人民。

布了《关于保护和改善环境的若干规定(试行草案)》,从总体环境规划、工业布局、改善老城市环境质量、"三废"(废气、废水和废渣)综合利用、土壤植物环境保护、水系海域环境管理、草原林木保护、环境质量监测、环境保护宣传和环保基础设施建设等 10 个方面作出了详细规定,这是新中国成立以来第一部关于环境保护的综合性法规,为此后中国环境法律法规的制定和环境政策的推行奠定了坚实基础。此外,会议还通过了《关于加强全国环境监测工作意见》,旨在向全国逐步建立各级环境监测机构,完成各项环境监测任务,同时制定了《自然保护区暂行条例》(于 1994 年正式颁布),有利于加强对自然资源的保护。

由以上可知,联合国第一次人类环境会议的顺利召开使得"环境问题"正式进入中国视野,并引起中央政府的高度重视,推动了中国关于环境保护问题法制化和规范化发展的进程。紧随其后,第一次全国环境保护会议的召开则具有重大的历史意义:第一,新中国成立以来,首次将"环境问题"正式上升到国家议题;第二,会议明确提出环境保护的工作方针,出台了中国首部有关环境保护的法规,即《关于保护和改善环境的若干规定(试行草案)》,为后续建立完善的环境保护法律体系指明方向并提供有力支撑;第三,会议推动了环境保护机构的组建工作,将环境保护工作正式纳入政府职能范围,标志着中国环境保护事业的真正起步。

改革开放以来,中央确立了"以经济建设为中心"的基本发展路线,工业发展为经济增长提供了重要动能。但在发展经济的过程中,中国也付出了相当程度的环境代价,环境污染问题不断凸显,环境保护法制建设迫在眉睫。1978 年 3 月,中华人民共和国第五届全国人民代表大会第一次会议通过《中华人民共和国宪法》,总纲第十一条明确规定"国家保护环境和自然资源,防治污染和其他公害",这标志着环境保护被正式列入国家宪法大纲。以此为依据,1979 年 9 月,中央颁布了《中华人民共和国环境保护法(试行)》(以下简称《环境保护法(试行)》,正式版于 1989 年颁布,2014 年修订)。该法明确了以"合理地利用自然环境,防治环境污染和生态破坏"为核心内容的总任务,坚持现有环境保护基本工作方针不变,并由国务院设立环境保护机构以及明确其相应职责,就环境问题规定了有关方面的奖惩措施。《环境保护法(试行)》是新中国成立以来颁布的第一部环境保护基本法,在新中国环境保护历程中具有里程碑的意义——第一次以立法的形式确立环境保护的权威性和重要性,为后续有关环境保护方面法律的颁布和环境规制政策的实施奠定了基础。1982 年 12 月,《中华人民共和国宪法》总纲中,关于环境保护方面的规定在原有基础上增加了"国家组织和鼓励植树造林,保护林木",突出了绿化和自然生态恢复在环境保护中的重要作用,该条令在宪法总纲中一直保持至今。1983 年 12 月,第二次全国环境保护会议的召开正式将"环境保护"确立为一项长期坚持的基本国策,依据中国环境保护的现实国情,此次会议制定了关于经济、社会和自然环境保护协调统一发展的战略规划布局,并指出环境保护工作的关键在于强化环境管理,把合理开发利用自然资源作为核心生态保护策略,还强调了环境保护工作中将环保法制建设与环境科学研究并举的重要性。

此后,更多相关的环境保护法律陆续出台,其中最核心的是对于水污染、大气污染以及固体废物污染三种主要类型的环境污染制定了相应的法律。具体而言,《水污染防治法》(1984 年颁布,2008 年修订,1996 年、2017 年分别修正)规定了水污染防治的标准、监督管理以及防治措施,并从总体目标、工业水污染防治、城镇水污染防治、农业和农村水污染防治、船舶水污染防治以及饮用水水源保护等 6 个方面阐述了水污染防治措施的具体内容,该法的颁布标志着水污染防治法律体系的初步形成。《大气污染防治法》(1987 年颁布,2000 年、2015 年分别修订,1995年、2018 年分别修正)规定了大气污染防治标准和限期达标规划、监督管理以及防治措施,并从燃煤和其他能源污染防治、工业污染防治、机动车船等污染防治、扬尘污染防治、农业和其他污染防治等 5 个方面阐述了大气污染防治措施的具体内容,该法的颁布标志着大气污染防治法律体系的初步形成。《固体废物污染环境防治法》(1995 年颁布,2004 年修订,2013 年、2015 年、2016 年分别修正)规定了固体废物污染环境防治的监督管理和防治措施,并从总体目标、工业固体废物污染环境的防治和生活垃圾污染环境的防治等 3 个方面阐述了固体废物污染环境防治法措施的具体内容,该法的颁布标志着固体废物污染环境防治法律体系的初步形成。

此外,中央还陆续颁布了一系列相关的环境保护法律,包括水资源、土地资源、矿物资源等自然资源保护的立法与修订,法律条例规定的内容更加具体化和精准化。例如,《海洋环境保护法》(1982 年颁布,1999 年、2013 年分别修订,2016 年、2017 年分别修正)主要从陆源污染物、海岸或海洋工程建设项目、倾倒废弃物、船舶有关作业等方面规定了海洋环境保护的法律条令,旨在"保护和改善海洋环境,保护海洋资源"。《森林法》(1984 年颁布,1998 年、2009 年分别修正)规定了森林资源保护、开发采伐、植树造林等方面的法律条令。《草原法》(1985 年颁布,2002 年修订,2009 年、2013 年分别修正)旨在"合理开发利用和保护草原资源,维护草原生态物种的多样性,防止草原沙漠化",并实行草原保护管理制度。《土地管理法》(1986年颁布,1998年修订,2004年、2019年分别修订)明确规定"保护和改善生态环境,保障土地的可持续利用"和"保护耕地"。《矿产资源法》(1986年颁布,1996年、2009年分别修正)就矿产资源的勘探、开采、合理利用并防止环境污染等方面作出了法律规定,加强了对矿产资源的保护。《水法》(1988年颁布,2002年修订,2009年、2016年分别修正)主要强调了对水资源的合理开发利用,加强了对水资源的生态环境保护。《水土保持法》(1991年颁布,2009年、2010年分别修正)核心规定了对自然或人为因素所造成的水土流失的防治措施,并明确提出了预防为主、综合治理、注重效益等工作方针,进一步加强了对水土资源的保护。《农业法》(1993年颁布,2002年修订,2009年、2012年分别修正)在有关农业环境保护方面作出了详细的法律规定,涵盖了"合理使用农林资源""开发清洁能源"和"发展生态农业"等多个方面。《环境噪声污染防治法》(1996年颁布,2018年修正)主要从工业噪声污染防治、建筑施工噪声污染防治、交通运输噪声污染防治、社会生活噪声污染防治等方面作出了法律规定,旨在"防治环境噪声污染"。《煤炭法》(1996年颁布,2009年、2011年、2013年和2016年分别修正)明确规定"要合理开发和保护煤炭资源""煤炭开发与环境保护同步"和"推广和发展洁煤技术"等。《节约能源法》(1997年颁布,2007年修订,2016年、2018年修正)主要从工业节能、建筑节能、交通运输节能、公共机构节能等方面作出了法律规定,为打造低能耗、高质量的绿色经济发展模式提供了法律保障。[①]

———————————

① 以上法律法规的资料来源:中华人民共和国环境保护部(政策法规),http://www.zhb.gov.cn。

由以上可知,1978—2000年,中国逐步建立了涉及水污染防治、大气污染防治、固体废物污染防治、自然资源保护、节能利用等多个方面的环境保护立法,覆盖了环境污染防治的主要方面,标志着我国环境保护法律体系的基本形成。

进入21世纪,随着环境保护战略定位的不断提高,中央继续颁布了一系列环境保护法律,旨在为日益严格的环境保护工作的顺利开展提供法律支撑,这使得环境保护法律体系变得更加完善和充实。例如,《防沙治沙法》(2001年颁布,2018年修正)旨在防治土地沙化,①就防沙治沙规划作出了详细的法律规定,这对于沙化地区的生态恢复具有重要意义。《环境影响评价法》(2002年颁布,2016年、2018年分别修正)是针对规划和建设项目实施后所产生的环境影响评价所确立的法律制度,主要从规划或建设项目的环境影响评价和法律责任等方面作出了详细规定。环境影响评价制度是环境保护工作的重要内容,该法的颁布为评估监测经济活动中所产生的环境影响提供了更具体的法律依据。《清洁生产促进法》(2002年颁布,2012年修正)旨在"提高资源利用效率,避免(或减少)环境污染,达到清洁生产的目的",从财政税收政策、部门规划、中央预算和信息咨询服务等方面作出推行方案,并在此基础上详细规定了进行清洁生产的实施措施、鼓励措施和有关法律责任,主要包括加强环境影响评价、各行业的生产服务活动中注意防止污染、施行清洁生产奖惩制度等。《放射性污染防治法》(2003年颁布)旨在"防治放射性污染,合理利用开发核能和核技术",制定了"预防为主,防治结合,严格管理,安全第一"的16字

———————

① 土地沙化是指土壤上生长的植被遭到破坏后沙土裸露进而导致生态环境恶化的过程。

基本方针,主要从监督管理、核设施、核技术利用、铀(钍)矿和伴生放射性矿开发利用、废物管理和法律责任等方面作出了详细的法律规定,这是新中国成立以来第一部有关放射性污染(或核污染)防治的法律,从法律意义上解除了核污染对居民或动植物生命健康造成的威胁。

此外,还有《可再生能源法》(2005 年颁布,2009 年修正),该法将风能、太阳能、水能、生物质能、地热能和海洋能等非化石能源归属为可再生能源,旨在"加强可再生能源的合理开发利用,推动社会可持续发展",主要从资源调查与发展规划、产业指导与技术支持、推广与应用、价格管理与费用补偿、经济激励与监督措施以及法律责任等方面作出了法律规定。《城乡规划法》(2007 年颁布,2015 年、2019 年分别修正)规定"保护生态环境、防止污染和其他公害以及遵守环境保护法律法规应为城乡建设规划的重要内容",并将环境保护工作全面融入到城乡建设规划中。《循环经济促进法》(2008 年颁布,2018 年修正)旨在"最大程度上减少经济活动中的废物排放,增加废物再利用率,促进循环经济发展,保护与改善生态环境"①。该法确立了循环经济发展规划的基本管理制度,对"减量化、再利用和资源化"作出了详细规定,并提出了鼓励循环经济发展的相应措施以及相关的法律责任。

2011 年 12 月,第七次全国环境保护大会指出"资源相对短缺和环境容量有限已成为现实国情。加强环境保护应作为稳定经济增长和转变经济发展方式的重要手段,是加快构建资源节约型和环境友好型社会以及

---

① 所谓循环经济就是指在经济活动中进行减量化、再利用和资源化的过程。具体而言,减量化就是减少资源消耗以及废物的产生,再利用是指将废物作为产品直接使用,资源化是指将废物作为原材料使用或者再生利用。

推动生态文明建设的必然途径",强调应该把节能环保融入到社会经济发展中,把环境质量作为基础公共服务的重要组成部分。会议将良好的生态环境视为稀缺资源,将良好的环境质量视为需要政府维护和提供的一种公共物品(基础公共服务),进一步深度认识和理解到环境要素对于经济发展和居民福利的重要性,赋予良好的环境质量以"生产要素和效用福利"的经济学意义上的涵义,并将环境保护融入产业政策:优化调整产业结构与能源节约污染减排相结合,提升企业绩效与污染排放的环境标准并举,大力发展环保节能产业以及优化产业空间布局以防止污染转移等。会议印发了《国务院关于加强环境保护重点工作的意见》(以下简称《意见》),《意见》主要从环境保护监督管理、影响科学发展和损害群众健康的突出环境问题以及环境保护体制改革等三方面,提出了关于环境保护的16项具体措施,具体如下。

环境保护监督管理方面主要包括三点。(a)严格实施环境影响评价制度,把污染排放总量控制的指标作为评价审批的前提要求,环境影响评价的规划项目必须严格遵守评价程序,否则依法追究相应法律责任,评价过程遵循公开透明、公众参与监督的原则。(b)继续提高主要污染物排放总量控制标准,有针对性地对不同行业采取差异化的污染控制要求:造纸、印染和化工行业进行化学需氧量和氨氮排放总量控制、电力行业进行二氧化硫和氮氧化物排放总量控制、钢铁行业进行二氧化硫排放总量控制等。(c)强化环境执法监管,完善环境保护法律法规,以确保环境执法的推行和落实,实行企业生产者责任延伸制度和环境保护举报制度,深化企业环境监督和社会监督。

解决突出环境问题方面主要包括四点。(d)注重防范环境风险和及时有效处理突发环境事件,加强环境应急风险管理,建设完备的应急救援机制。(e)加强重金属污染防治,集中治理重金属污染区域,优化调整重金属企业产业结构及空间布局,加大监管和处罚力度,依法查处、限令整改或取缔关停重金属污染排放超标的企业。(f)加强核与辐射管理,确保核与辐射安全。强化核设施安全防护和环境管理,切实避免核泄漏造成的环境污染,构建辐射环境监测体系和核安全技术研发平台。(g)深入推进重点领域污染综合整治,强化重点水流域(洞庭湖、洪泽湖等湖泊区域以及长江、黄河、珠江等入海口区域)的污染防治,改善环境影响评价方法、提高大气污染监测标准、加强城市环境污染治理力度等。

环境保护体制改革方面主要包括三点。(h)大力发展环保产业,推行扶持政策,促进绿色节能企业的发展。(i)推进农村地区环境保护工作和加大生态保护力度,深化农村环境污染治理,完善农村地区环境保护基础设施,强化重要生态功能区建设和污染地区生态修复。(j)完善环境管理体制,优化国家环境监察职能,将生态文明建设指标纳入政策绩效考核。①

以上意见措施为后续建立环境法律法规以及制定具体的环境规制政策指明了方向。《土壤污染防治法》(2018 年颁布)旨在"防治土壤污染",提出了土壤污染防治的基本原则和具有强制性质的土壤污染风险管控标准,以及实行土壤环境监测制度,并着重对农用地和建设用地的土壤污染防治措施作出了详细的法律规定。与水污染以及大气污染等具有明显污染特征并产生直接后果的污染形式不同,土壤污染具有隐秘性和长期性

---

① 详细内容参见 2011 年《国务院关于加强环境保护重点工作的意见》。

的特点,例如最常见的土壤重金属污染,重金属元素并不会直接导致当地动植物大量死亡,而是储存在这些动植物体内,最终被人体在摄取食物的时候吸收积累,进而逐步威胁人体的生存健康。因此,该法是环境保护法律体系的重要补充,它的颁布不仅从法律意义上保护了植被赖以生存的土壤环境,也对公众健康的保护具有重要意义。由 2000 年以来有关环境保护法律颁布内容可知,这期间的环境保护法律更加强调生态文明建设(如《清洁生产促进法》《循环经济促进法》),针对的污染防治对象更加全面(如《放射性污染防治法》《土壤污染防治法》),这标志着中国已经形成了更加完善更加全面的环境保护法律体系,为深化推进环境保护工作提供了强有力的法律保障。

二、命令控制型规制的具体措施

自 1979 年第一部《环境保护法(试行)》颁布以来,中央推行的命令控制型环境规制政策主要包括环境保护目标责任制度、"三同时"制度、环境影响评价制度、污染限期治理制度、污染集中控制制度等环境管理制度以及"两控区"(酸雨控制区和二氧化硫污染控制区)环保标准。

(一) 环境管理制度

1989 年 4 月,第三次全国环境保护会议颁布了《1989—1992 年环境保护目标和任务》和《全国 2000 年环境保护规划纲要》,明确提出"坚持预防为主、谁污染谁治理、强化环境管理"的环境保护思想,着重强调预防环境污染和防止环境问题、污染主体承担治污责任(包括污染源治理及其相关治污费用)以及环境管理效率(制定环境法规、加强环境监督)的重要性,同时形成了较系统的环境管理制度,即环境保护目标责任制度、"三同时"制度、环境影响评价制度、排污收费制度、污染限期治理制度、污染集中控制制度以及排污申报登记与排污许可证制度等(详见后文介绍)。上述环境管理制度除排污收费、排污许可证(交易)制度属于市场激励型环境规制政策之外,其余均为命令控制型环境规制。

(1)环境保护目标责任制度。《环境保护法》(1989年)第十六条规定"地方各级人民政府对辖区负有环境保护责任",2014年修订后的《环境保护法》明确提出"全国推行环境保护目标责任制和考核评价制度,对环境保护情况进行考核评价,考核结果对外公开",这一制度规范将环境保护目标具体到各级政府的责任,加强了对政府环境保护工作的执行和监督力度,有利于提高环境保护工作的执行效率。

(2)"三同时"制度。1973年8月,我国首次全国环境保护会议颁布的《关于保护和改善环境的若干规定(试行草案)》明确指出企业污染项目建设实行"三同时"制度,其核心内容即为同时设计、同时施工、同时投产。1979年《环境保护法(试行)》(以及1989年正式发布版,2014年修订版都延续了该项规定)第六条再次强调了"三同时"规定,为该项制度的施行提供法律支撑。该制度的优越性在于摒弃了"先污染、后治理"的环境污染末端治理的思想,把环境污染治理工作与企业项目建设同步,融合了"污染过程控制"的先进污染治理理念,增强了污染治理效率。

(3)环境影响评价制度。有关环境影响评价最早的法律规定出现在1979年颁布的《环境保护法(试行)》中:进行工程项目时,必须提交该项工程对环境影响的报告书。2002年,《环境影响评价法》颁布,它明确规定环境影响评价制度的核心目标为"客观公正地评估企业工程项目对环境的影响,并采取相应的规制措施以避免环境污染的发生",并着重从规划和建设项目两个方面详细介绍了环境影响评价的具体要求。环境影响评价制度是我国环境管理制度的一次重大创新,突出了环境污染"源头预防"的思想,有效避免了对环境造成重大污染的企业工程项目的实施。

(4) 污染限期治理制度。《环境保护法(试行)》(1979 年)第十七和第十八条明文规定了环境污染限期治理的要求,《环境保护法》(1989 年)第三十九条规定"对于限期治理逾期未完成的企业,应当根据情节严重程度处以罚款、责令关停或关闭企业",这一惩罚规定体现了极强的命令控制型规制特征,具有强制性,对污染企业产生了较大的约束力度。

(5) 污染集中控制制度。污染集中控制是相对于污染分散治理而言,核心思想是通过合理的规划设计将污染集中治理。例如,将分散供热改为集中供热、间接供暖改为连续供暖有利于集中控制废气污染,建立垃圾填埋场、建立垃圾处理厂有利于集中控制固体废物污染。由此可见,污染集中控制制度有利于提高污染治理效率,减少环境污染治理的成本。

上述内容系统地梳理了我国以命令控制为主要特征的环境管理制度:从治理理念看,"三同时"制度、环境影响评价制度和污染集中控制制度分别体现了"过程控制""源头预防""集中治理"的先进理念,这对我国的环境治理模式的优化调整产生了积极的影响。从监管和惩罚强度来看,环境保护目标责任制度和污染限期治理制度分别对各级人民政府环保目标的落实、重污染企业的污染治理产生了较强的约束力,为全国环保工作的顺利开展提供了制度保障,有利于增强环境污染治理的效率。但值得注意的是,虽然环境管理制度的实施直接限制了企业的污染排放,进而容易取得较好的环境污染治理绩效,但这种具有强制性的污染排放约束制度可能也会对污染企业的生产活动造成一定的负面影响,从而不利于经济增长。

（二）国家环境保护重点城市政策

改革开放以来，伴随着工业化进程加快，中国环境污染问题日益突出。这引起中央高度重视，陆续颁布了数十部环保法律法规，形成了较完备的环保政策体系。就政策内容来看，中国主要采取的是行政管控型规制政策；就实施管理而言，主要采取的是"以块为主"的属地管理模式。[①]不过，作为重要的治理主体，地方政府长期以来普遍存在重增长、轻环保的发展理念与激励结构偏差，未能有效贯彻落实中央环保政策，致使环境治理成效不彰。为压实地方政府主体责任，激发地方政府主体能动性，中央自 1989 年以来推行国家环境保护重点城市政策。

确切来讲，1988 年 12 月，国务院环境保护委员会通过了《城市环境综合整治定量考核实施办法（暂行）》（以下简称《实施办法》），规定自1989 年起将所有的直辖市和省会城市（拉萨市除外）以及大连和苏州等32 个城市列为国家环境保护重点城市，由中央直接负责对这些城市进行环境综合整治定量考核（以下简称"城考"）。1992 年，进一步将青岛、宁波、厦门、深圳和重庆 5 个计划单列市纳为环境保护重点城市。此后，环境保护重点城市不断拓展：1996 年增加为 46 个，2003 年为 47 个，2004年增至 113 个并保持至今。对于这些新增的环境保护重点城市，中央没有公布明确的选择标准，但选取的主要是那些人口规模较大和污染较严

---

① 最主要的环保法律包括：《中华人民共和国环境保护法》《中华人民共和国水污染防治法》《中华人民共和国大气污染防治法》和《中华人民共和国固体废物污染环境防治法》等。环保职能部门包括生态环境部（国家环保总局于 2008 年升格为环境保护部，后者于 2018 年整合组建为生态环境部）和地方生态环保机构。2016 年，中国实施了省以下环保机构垂直管理制度改革试点：规定地级市环保局由省环保厅和地级市政府双重管理，县环保局为地级市环保局的派出机构（由其单独管理）。

重的城市(魏正明,1999),故可能存在内生性选择问题(第四章实证分析对此进行了仔细处理)。

中央"城考"制度是中央依据污染防治和环境质量等指标体系,定量考核地方政府环境治理成效的一项监督管理制度。《实施办法》明确规定:环境保护重点城市要严格按照中央"城考"规定的 21 项指标(包括大气总悬浮微粒年日均值、二氧化硫年日均值、工艺尾气[SO_2、NO_2、粉尘]达标率、工业废水处理率、工业废水处理达标率、工业固体废物处理处置率和万元产值工业废水排放量等)进行考核,没有纳入国家环境保护重点城市的地级市由各省考核,只有其中的 8 项指标必须考核。而且,随着时间推移,中央"城考"的考核指标、考核办法和监督措施亦在不断规范完善。例如,1998 年,国家环保总局下发《关于印发全国 2000 年工业污染源达标排放和环境保护重点城市环境功能区达标工作方案的通知》,要求严格控制污染源,强化环境污染限期治理制度,加大考核力度,实施政府调度与公众监督等措施,用以督导当时 46 个环境保护重点城市的空气质量(总悬浮颗粒物、二氧化硫和氮氧化物等)和水环境质量(溶解氧和高锰酸盐指数等)的达标。2003 年,又在当时 47 个环境保护重点城市的地表水环境考核标准中增加了治理难度较大的总氮指标,其他指标也采取了更严格的标准。2006 年,国家环保总局印发《"十一五"城市环境综合整治定量考核指标及实施细则》和《全国城市环境综合整治定量考核工作管理规定》,纳入优良天数(空气污染指数 API≤100)全年占比等重要指标,进一步完善了环境保护重点城市的考核标准。此外,2003 年以来,国家环保总局通过《全国城市环境管理与综合整治年度报告》向全社会公布环境保护重点城市的"城考"结果和(一些年份的)考核综合排名;2010 年,又将"公众对城市环境保护满意率调查情况"纳入报告,进一步强化了监督力度。

正因如此,国家环境保护重点城市(相较于其他城市)普遍实施了更加严格的环保标准和(命令控制型)规制措施,总体上在遏制环境污染、改善环境质量方面取得了较好成效。[①]这为本书深入考察命令控制型环境规制对 TFP 的影响,检验本书理论分析的结论提供了一个良好契机(详见第四章实证分析)。

(三)"两控区"环保标准

改革开放以来,我国的工业二氧化硫排放量一直居高不下。众所周知,二氧化硫会造成严重的空气污染,且和雨水结合后还会产生酸雨,危害居民的身体健康、破坏自然生态系统、腐蚀生产材料,从而导致经济损失。二氧化硫污染(或酸雨污染)已成为制约经济可持续发展的重要因素之一。鉴于二氧化硫污染的特殊破坏性,20 世纪 90 年代末,国家环境保护总局针对酸雨和二氧化硫污染防治采取了特殊的规制措施。1998 年 1 月,国务院下达《关于酸雨控制区和二氧化硫污染控制区有关问题的批复》文件,同意由国家环境保护总局提出的《酸雨控制区和二氧化硫污染控制区划分方案》(以下简称为《方案》),标志着"两控区"环保标准的正式

---

① 例如,2005 年,环境保护重点城市的石家庄市对 160 家污染企业采取停产治理措施,削减粉尘排放量约 1 万吨;枣庄市规定废水排放企业全部执行Ⅰ类排放标准,对 31 家水污染企业实施深度治理,关停了 5 家重污染企业(生产线);武汉市建成 120 多家重点排污单位排污在线监控设施,实施多部门联合执法,检查企业 4 500 多家,立案查处 1 059 家。关于国家环境保护重点城市的"城考"实施办法、环境规制措施的详细介绍,请参见历年《全国城市环境管理与综合整治年度报告》。2009 年《中国环境统计年报》显示,国家环境保护重点城市的工业废水排放达标率高出全国平均水平 2.3 个百分点。孟晓艳等(2012)的研究表明,国家环境保护重点城市的 SO_2 和 PM_{10} 污染得到了较好控制。祁毓等(2016)也发现,国家环境保护重点城市的环境质量得到了改善。

实施。"两控区"的划分标准如下：依据全国各地降水的 pH 值、硫沉降含量、二氧化硫排放量划定酸雨控制区域，依据空气中二氧化硫浓度以及二氧化硫排放量划定二氧化硫污染控制区域，其最终确定的实施范围覆盖27 个省，一共包括 175 个地级市（含直辖市和地区）。其中，酸雨控制区主要集中在南方省份，覆盖 14 个省（含直辖市），包括 112 个地级市（含直辖市和地区）；二氧化硫污染控制区主要集中在北方省份，覆盖 14 个省（含直辖市），包括 63 个地级市（含直辖市和地区），污染控制范围以市区为主。其中，江苏省既属于酸雨控制区又属于二氧化硫污染控制区，南京市、扬州市、南通市、镇江市、常州市、无锡市、苏州市和泰州市属于酸雨控制区范围，徐州市市区及邳州市和新沂市属于二氧化硫污染控制区范围。"两控区"的主要目标是控制二氧化硫排放总量以使目标地区空气中二氧化硫浓度达到国家规定的环保标准，以及缓解目标地区酸雨恶化的趋势。具体而言，到 2000 年，"两控区"内工业污染源的二氧化硫排放必须达标，二氧化硫排放量应当控制在国家要求的二氧化硫总量控制指标以内，"两控区"内重点城市空气中二氧化硫浓度达标，酸雨恶化趋势得到改善；到2010 年，"两控区"内二氧化硫排放量不能超过 2000 年的排放量，"两控区"内所有城市空气中二氧化硫浓度达标，酸雨控制区降水 pH 值小于或等于 4.5 地区的面积显著减少。

为更好地实现"两控区"的污染控制目标，《方案》提出具体措施，主要包括以下 7 个方面。(a)推行"两控区"综合防治规划，要求控制区内的各级政府制定详细的污染防治计划，其本质上体现了环境保护目标责任制度的核心内涵。(b)限制对含硫量高的煤矿的开采及使用，增强煤炭洗选设施建设，禁止新建高硫煤矿井，责令限产或关停已有的高硫煤矿井。

(c)强化火电厂污染治理,从主要源头上遏制二氧化硫排放总量的增加,优化火电厂空间布局,加强脱硫设施建设。(d)加强化工、冶金、有色、建材等重污染行业二氧化硫污染的防治,选用低污染生产材料、引进先进工艺设备,实行清洁生产,并进行必要的尾端污染治理。(e)积极研发二氧化硫污染的防治技术和清洁生产设备,重点研究脱硫技术的开发、推广及应用。(f)大力推进二氧化硫排污收费工作(属于市场激励型环境规制政策,详见后文介绍),结合市场手段控制二氧化硫污染排放。(g)加强"两控区"的环境管理监督,提高政策执行效率。上述措施为"两控区"2000年和2010年两个总目标的实现提供了保障。

"两控区"较为严格的环保标准约束倒逼各级人民政府加强了对污染企业的行政干预程度,环境污染治理成效显著。[①]例如,2002年,北京市将1 681台燃煤锅炉改用清洁能源,并对高排放机动车进行尾气检测;厦门市对本市内现有的污水处理厂实现了在线检测;北海市实施银滩旅游区环境综合整治项目。

2005年,石家庄市拆除市区70台分散的采暖燃煤锅炉,整治或关闭停产建材企业共449家,对160家企业进行停产整治,削减了近一万吨粉尘排放量。太原市实行《太原市洁净型煤标准》,大大提高了燃煤的清洁利用率。徐州市拆除燃煤设施324台,采取集中供热或加强清洁能源的使用率。焦作市推行《焦作市流域水、城区地下水和大气三个污染整治攻坚方案》,关停污染企业11家、燃煤锅炉197台,淘汰落后工艺装备项目25个,搬迁污染项目6个。广州市推行《广州市重点污染源全面达标工

---

① 以下资料均从《历年中国环境状况公报》《历年各城市环境状况公报》以及各城市生态环境局网站信息搜集整理所得。

作方案》，强制关停 396 家违法排污企业。福州市加强闽江流域水污染的整治和饮用水源的保护力度，积极提倡采用清洁能源，优化调整产业结构和企业空间布局，增强环境监督执法和工业污染的重点防控。泉州市建设完成宝州污水处理厂（每日污水处理量可达 10 万吨）和晋江垃圾焚烧发电厂（每日焚烧垃圾量可达 750 吨），同时建立了流域上下游水资源补偿机制。济南市建设完成 5 座污水处理厂，完善医疗废物管理系统，实时监控 31 家重点大气污染源，关闭 23 台燃煤锅炉。

2006 年，北京市关停焦化厂和首钢 2 号焦炉。天津市关闭 221 处垃圾临时卸地。唐山市第五塑料厂、市工业瓷厂等重污染企业搬出市区，并施行低硫、低灰煤炭的煤炭管制。太原市责令关闭污染企业 161 家、8 个焦化项目，完成建设 11 个重点污染治理工程（主要为锅炉烟气脱硫），新建完成 10 个清洁生产型企业，一共拆除燃煤锅炉 496 台。湖州市对中心城区 20 家企业进行了搬迁，30 家印染、电镀、化工、酿酒、建材等企业进行了关停。南昌市加强推行环保目标责任制度，全面推进蓝天、碧水、宁静、绿化、固废、宣教的六大环境工程，在饮用水源保护、污水处理、医疗废物管理、工业污染企业监管等方面取得了显著的成绩，同时荣获"水环境治理优秀范例城市"以及"国家卫生城市"的称号。泰安市进一步扩大城市环境基础设施建设，建设完成市级环境数据中心、监控中心、应急指挥中心以及网络视频会议系统，提高了对污染排放的监控能力以及突发环境污染事件的应急能力。

2008 年，宜昌市开展饮用水水源保护专项行动，排查饮用水水源安全隐患，进一步加大饮用水水源监管保护力度。佛山市提出"大环保"思想，加强了环境管理部门的协调效率，强化城市重点污染行业（包括陶瓷、纺织、印染、电力等行业)的综合治理,关闭高污染企业 622 家,搬移企业 230 家。

2013 年,邢台市对市区及周边的 41 家重污染企业进行迁移。太原市关停重污染企业主要包括 102 家煤矿企业、2 家采石场、7 家化工厂以及 23 家建材厂。2014 年,鉴于"两控区"污染防治措施和权责利罚机制仍不完善以及覆盖范围已不能适应全国污染减排的需要等各方面原因,《大气污染防治法(修订草案)》规定"将排放总量控制和排污许可由'两控区'扩展到全国",这标志着"两控区"的环保标准开始向全国推进。综上可知,"两控区"环保标准带有明显的命令控制特征,具有强制性,它的实施对我国二氧化硫污染的防治和酸雨的控制产生了积极的影响。

以上内容核心围绕"环境保护法律法规、环境管理制度、国家环境保护重点城市政策和'两控区'环保标准"回顾了中国命令控制型环境规制政策的历史演进和主要内容。不难发现,长期以来我国开展的环境保护工作中,命令控制型环境规制政策占据重要地位,对我国的环境污染防治产生了深远的积极影响。但不可否认的是,这种基于政府行政干预和具有强制性的规制政策也在一定程度上给受到规制的大部分企业造成了经济损失。更进一步,命令控制型环境规制政策究竟会对经济产生怎样的影响? 其核心机理是什么? 第四章将从理论和经验层面深入认识和解读上述问题。

第二节　市场激励型环境规制政策的历史演进

市场激励型环境规制政策是以市场手段为主导,政府通过合理的制度安排,将污染企业的排污行为市场化,其经济理论基础是庇古税和科斯定理。前者由 1920 年英国经济学家庇古(Pigou)提出,即对污染排放者征税用以弥补污染排放造成私人成本与社会成本的差距;后者由 1960 年美国经济学家科斯(Coase)提出,即只要产权明确,且交易成本为零或者很小,那么无论在开始时将产权赋予谁,市场运行的最终结果都是有效率的,能够实现资源配置的帕累托最优。两者的核心思想都是以市场调节机制为依托,将外部性成本内部化。市场激励型环境规制在我国的实践主要包括排污收费制度(2018 年起改为环境保护税)、排污权交易、污染减排补贴和环保财政支出,[①]对我国环境污染治理产生了重要影响。

一、排污收费制度

排污收费是指按照相关规定对超出排放标准的污染排放物收取费用,本质上属于庇古税,旨在通过税费手段将污染负外部性成本内部化,达到控制污染排放的效果且同时减少对企业生产的负影响。排污收费制度可追溯到 1979 年颁布的《环境保护法(试行)》,法律内容明文规定了"排污收费制度",即根据企业生产所排放污染物的数量及浓度依法征收排污费,[②]这是我国推行排污收费制度最早的法律依据。

1982 年 2 月,中央颁布《征收排污费暂行办法》(于 1982 年 7 月 1 日起执行,以下简称《暂行办法》),将污染排放物划分为废气、废水和废渣三

---

① 由于有关污染减排补贴和环保财政支出政策尚缺乏全面系统的法律文件支持以及时间节点的零散化,且其本质上属于排污税费制度的延伸,故本节不对其着重介绍,第五章将通过理论建模分析这两种市场激励型规制对 TFP 的影响。

② 该法第十八条明文规定"超过国家规定的标准排放污染物,要按照排放污染物的数量和浓度,根据规定收取排污费"。

大类,并详细制定了排污费的征收标准,要求各地区政府依照此标准施行具体方案,标志着排污收费制度在全国范围内开始实施。此外,《暂行办法》还规定了排污收费的使用范畴,即将其纳入财政预算管理,专项用于环境污染防治。1988 年 7 月,国务院颁布《污染源治理专项基金有偿使用暂行办法》(于 1988 年 9 月 1 日起施行),其主要目的是将排污费征收总额的一部分资金集中管理,成立污染源治理专项基金,旨在提高排污费的使用效益。该专项基金实行有偿使用,主要委托银行贷款业务为缴纳超出标准排污费的企业提供贷款,以督促企业加大污染治理力度,减少污染排放,专项基金的设定一定程度缓解了企业治污资金短期匮乏的难题,进而提高了排污收费制度的减排效率。

2003 年 1 月,中央颁布《排污费征收使用管理条例》(于 2003 年 7 月 1 日起施行,以下简称《条例》),明确规定了应当缴纳排污费的对象,即为直接向环境排放污染物的单位和个体工商户(称为排污者),制定了污染物排放种类和数量的核定方案,提出排污费的征收和使用应当遵循"收支两条线"的原则,并专项用于污染防治,例如,污染源治理、治污技术开发与应用等,对于重要污染防治项目、治污新技术新工艺的研发、推广和应用工程给予拨款补助或者贷款贴息,并要求加强排污费使用的管理监督工作。该《条例》的颁布较大程度上完善了排污收费的制度体系,排污收费制度进一步走向规范化和全面化。根据历年全国环境统计公报公布的数据显示:1995 年,全国排污费征收总额为 37.1 亿元;2003 年排污费总额为 73.1 亿元,相较于 1995 年增长了约 1 倍;2015 年排污费总额则为 178.5 亿元,相较于 2003 年增长了约 1.4 倍。由此可见,20 世纪 90 年代以来,我国排污费总额快速增长,针对企业的排污收费强度不断增加。但值得注意的是,2015 年,全国排污费总额占全国 GDP 比率为 0.026%,而 1995—2015 年该比率的均值为 0.05%。由此反映出一个客观事实:尽管全国排污费征收总额逐年增长,但相对于全国经济总量发展水平,从总体上来看排污费的征收规模依然占据较小的比率,并在相当长一段时期内替代了环境保护税对污染排放的控制调节作用,对我国的环境污染治理产生了积极影响,为"两控区"环保标准等命令控制型环境规制政策的实施提供了必要的补充。诚然,排污收费制度也存在不足进而影响实施效果。例如,企业排污申报存在错填或瞒报现象;针对排污费逾期未交或不交等违反制度的行为,处罚机制难以执行等。

2016 年 12 月,《环境保护税法》(于 2018 年修正)正式颁布,该法给出"环境保护税税目税额表"和"应税污染物和当量值表",以此确定应税污染物,并将直接排放应税污染物的经济活动主体列为纳税对象,详细规定了计税依据和应纳税额,提出税收减免和征收管理的相关法定方案。该法是中国第一部用法律条令明文规定征收环境保护税的环境保护法律,在中国环境保护政策发展历程上具有里程碑的意义,即从法律意义上明确提出用税收手段达到保护环境的目的。这属于市场激励型环境规制政策,它替代了以往的排污收费制度,税收细则更加规范和明确,标志着中国的环境规制政策由"单一的命令控制型"正式向"命令控制型和市场激励型相结合"的方式转变。环境保护税的开征增加了企业的生产自主性和市场运行效率,即企业可以根据自身的经营状况、排污量的大小以及纳税能力来调整生产,并且在一定程度上激发了企业的技术创新。随着 2017 年 12 月《环境保护税法实施条例》的颁布(于 2018 年 1 月 1 日起正式施行),环境保护税的开征标志着排污收费政策的正式结束。排污收费制度作为市场激励型环境规制政策的主要手段之一,无疑会对企业行为进而对整个经济发展产生影响(详见第五章分析)。

二、排污权交易

所谓排污权交易是指政府赋予排污者一定的排污权,[①]排污者根据自身的排污需求在排污权交易市场上买入或卖出排污权的行为,其本质上是科斯定理在环境治理领域上的运用,即政府确立制度以明确污染企业间的排污权,利用排污权市场交易机制,进而实现污染排放总量控制条件下企业间环境要素(污染排放)的最优配置。

中国的排污权交易开始于 20 世纪 80 年代。1987 年,上海市率先开展了工业污染企业废水排放指标的有偿转让活动试点,这是排污权交易在我国的首次成功实践。1988 年 3 月,《水污染物排放许可证管理暂行办法》颁布,明确规定"向已进行水污染排污申报登记的排污者发放《排污许可证》,水污染排放实行总量控制,且排污量可以在排污单位间相互调剂",该法规为排污权交易的实践提供了法律依据。1994 年,包头市、开远市、柳州市、太原市、平顶山市和贵阳市等城市关于二氧化硫、烟尘和工业废水等污染排放指标进行了交易实践,交易范围和规模都比较小,并不算真正意义上的排污权交易活动,但有效推动了全面推广排污权交易活动的进程。1999 年 4 月,中美环保机构深入探讨了"中国通过市场手段减少二氧化硫污染排放"的可行性,并签订合作意向书,为大气排污权交易在中国的试点奠定了基础;同年 9 月,美国环保协会(Environmental

---

① 排污权是指排污单位经核定、允许其排放污染物的种类和数量。

Defense)与国家环保总局达成在中国进行排污权交易试点协议。

2000 年,《大气污染防治法》(2000 年修订)第十五条明确规定"核实发放大气污染物排放许可证",进一步确立了排污许可证制度的法律地位。2001 年 9 月,江苏省南通市南通天生港发电有限公司与南京醋酸纤维厂签订协议,规定前者有偿转让为期 6 年共 1 800 吨二氧化硫的污染排放权给后者,成功实现了二氧化硫排污权交易在我国的首次实践。2002 年 5 月,国家环境保护总局下发《关于二氧化硫排放总量控制及排污交易政策实施示范工作安排的通知》,规定在山东、山西、江苏、河南、上海、天津、柳州等 7 个省市进行"二氧化硫排污总量控制和排放权交易项目"试点。2002 年 9 月,国家环境保护总局下发《关于贯彻落实〈国务院关于两控区酸雨和二氧化硫污染防治"十五"计划的批复〉的通知》,明确指出"两控区"可通过排污权交易来实现二氧化硫排放总量控制指标。2005 年 12 月,中央发布《关于落实科学发展观加强环境保护的决定》,明确指出"全面实行排污总量控制和排污许可证制度,可通过排污权交易等市场手段推进污染治理"。2008 年,天津排污权交易所、北京环境交易所和上海环境能源交易所成立,为排污权交易活动提供了良好的交易平台。此后,排污权交易试点范围不断扩大,交易程序和平台搭建也逐步走向正规化。

2011 年 10 月,中央发布《关于开展碳排放权交易试点工作的通知》,规定在北京市、天津市、上海市、重庆市、广东省、湖北省和深圳市展开碳排放权交易试点;同年 12 月,第七次全国环境保护大会印发的《国务院关于加强环境保护重点工作的意见》明确指出,实施环境经济政策(即市场激励型环境规制政策),将环境保护支出纳入各级财政预算,加大中央关于环境保护方面的转移支付支出力度，推进排污税费改革以及探索符合国情的环境保护税开征标准，补贴扶持企业研发清洁生产技术，实行排污许可证制度，深入推进排污权交易试点工作，构建国家排污权交易中心以及完善排污权交易市场机制，这使得排污权交易在我国的实践得到进一步深化。2014年12月，中央发布《碳排放权交易管理暂行办法》，从配额管理、交易规则、核查清缴等方面详细规定了开展碳排放权交易的具体细则。2016年11月，国务院发布《"十三五"生态环境保护规划》，提出全面推行排污权交易制度，健全排污权交易机制及其支持体系。与排污收费制度类似，排污权交易亦是通过市场手段来实现对污染排放量的控制，同属于市场激励型环境规制政策。排污权交易以及排污收费较好地弥补了命令控制型环境规制政策的固有缺陷，丰富了我国环境规制政策的内容。随着排污权交易试点范围向全国不断推广，进一步加强了我国市场激励型环境规制政策对环境污染治理的调控力度，也标志着中国的环境规制政策由"单一行政干预手段"向"行政干预和市场相结合的手段"发展，较大程度上提高了我国环境污染防治的效率，有力地推动了经济的绿色发展。

上述内容主要回顾了排污收费制度和排污权交易两种市场激励型环境规制手段在我国的实践历程。二者都起步于20世纪80年代，但与同时期的环境保护目标责任制度、"两控区"环保标准等命令控制型环境规制手段相比，它们在实施规模和影响力度上显得相对受限和薄弱。随着时间推移，中央政府对环境保护的认识不断加深，在环保措施上开始尝试综合运用多种规制手段进行污染防治，使得市场激励型环境规制逐渐成为主要的规制手段之一，例如，2018年，在全国范围内正式开征环境保护税。排污收费制度和排污权交易在我国的实践,为后文从理论上深入剖析市场激励型环境规制的经济影响提供了现实依据。[1]

第三节 小 结

本章主要从命令控制型环境规制政策和市场激励型环境规制政策两个方面系统地梳理和归纳了中国环境规制政策的历史演进过程。

研究表明两点。其一,就命令控制型环境规制政策而言,它在相当长一段时期内占据我国环境规制政策的主导地位,其主要内容包括环境保护目标责任制度、"三同时"制度、环境影响评价制度、污染限期治理制度、污染集中控制制度等环境管理制度,国家环境保护重点城市政策,以及"两控区"环保标准。这种具有强制性的规制措施,即制定硬性环境标准要求,责令污染排放超标的企业搬迁、限产或关停等,对我国的环境污染治理和改善产生直接的积极影响。与此同时,污染排放标准的硬约束限制了企业的环境要素投入,这可能在一定程度上对企业的生产活动造成负面影响。其二,就市场激励型环境规制政策而言,它长期处于我国环境规制政策的补充地位,但有不断发展扩大的趋势,其主要内容包括排污收费制度、环境保护税、排污权交易等。这种利用市场手段调节企业行为进而达到控制污染排放目标的规制措施,有利于优化污染排放总量控制条件下企业间环境要素(污染排放)的配置,提高了我国环境污染治理效率,

---

[1] 由于排污权交易在我国尚处于试点探索阶段,考虑到现实数据的可得性以及理论建模的刻画难度,第五章理论分析主要考察排污税费的影响。

同时减轻了环境规制对企业生产的负影响。

随着时间推移,中国环境规制政策体系不断完善,"生态文明建设、绿色发展、循环低碳经济和环境友好型社会"已成为新时代环境保护格局的关键词。总体来看,中国环境规制政策主要通过行政手段直接限制企业的污染排放——或制定严格的环境标准,或限制企业生产,甚至关停企业。环境规制方式目前虽以命令控制型规制手段为主,但随着排污收费、排污权交易和环境保护税等环境经济手段的出现和不断发展推广,有向命令控制型和市场激励型等多元化规制手段相结合的发展趋势,这对我国的环境保护和经济发展都会产生深远的影响。

第四章
命令控制型环境规制政策
对 TFP 的影响

长期以来,中国的环境规制政策以命令控制型规制为主,具体表现为污染限期治理、污染集中控制、污染排放物总量控制、环保标准和行政处罚等强制性手段,对中国的环境污染防治产生了积极的影响。但同时我们也应认识到,环境规制政策属于公共政策的范畴,它主要是针对企业的污染排放行为作出限制规定。因此,环境规制政策的实施必然会影响企业的行为(即产出调整、要素需求变化等)进而影响整个经济的 TFP。

为了厘清环境规制①影响 TFP 的核心机理,本章在 Moll(2014)的基础上进行拓展,构建一个环境规制下连续时间的异质性企业家模型,并利用地级市、工业企业数据进行细致的经验分析,旨在深入剖析命令控制型环境规制政策对要素配置进而对 TFP 的影响及其核心机理。本章结构安排如下:第一节介绍了理论模型的基本框架,求解企业家优化问题,以及求解市场均衡与经济总量,并利用数值模拟分析得出本章的理论基准

---

① 本章所提及的环境规制均指命令控制型环境规制政策。

结论;第二节以国家环境保护重点城市政策为拟自然实验,基于地级市和工业企业数据,利用两步双重差分策略对命令控制型环境规制政策的 TFP 影响进行实证检验;第三节为本章的结论部分。

第一节 理 论 分 析

一、模型框架

模型涉及的经济主体包括政府、工人和企业家。政府负责制定、实施环境规制政策。工人不存在差异且不存在储蓄(Moll,2014),[①]t 期总量为 N_t。企业家是异质性的,体现在他们的资产 a_{it}(i 指代个体)和生产率 z_{it}(创新能力、管理技能等企业家能力)不同——a_{it} 取决于企业家的财富积累,进而取决于他们的生产和储蓄行为;z_{it} 为随机的,服从一个连续时间的 Markov 过程:[②]

$$\mathrm{d}z_{it} = \mu(z_{it})\mathrm{d}t + \sigma(z_{it})\mathrm{d}W_t \tag{4.1}$$

其中,$\mu(z_{it})$ 为漂移项,$\sigma(z_{it})$ 为扩散项,W_t 为布朗运动。a_{it} 和 z_{it} 的联合分布函数为 $G(a,z)$,边际分布函数为 $g(a,z)$。企业家偏好可表示为:

$$E_0 \int_0^\infty e^{-\rho t} u(c_{it})\mathrm{d}t, \, u(c_{it}) = c_{it}^{1-\eta}/(1-\eta), \, \eta, \, \rho > 0 \tag{4.2}$$

其中,E_0 为零期期望算子,ρ 为贴现率,$1/\eta$ 为消费跨时替代弹性,c_{it} 为企

---

① 这一设定的详细讨论,见后文关于贴现率 ρ 的稳健性分析。
② Markov 过程可涵盖一些常见的特定过程(如独立同分布和正态分布等),故更具一般性。详细讨论,请参见 Moll(2014)。

业家消费。

每个企业家经营一个企业。借鉴已有文献的普遍做法,本书将污染排放作为一种要素投入(不妨称其为"环境要素投入")纳入生产函数(Copeland and Taylor,1994,2003;Tombe and Winter,2015;Rausch and Schwarz,2016)。特别地,本书采用如下形式的企业生产函数:

$$y_{it} = f(z_{it}, k_{it}, l_{it}, m_{it}) = \left[(z_{it} k_{it})^{\alpha} l_{it}^{1-\alpha} \right]^{\upsilon} m_{it}^{1-\upsilon} \left(\frac{\overline{M}}{M_t} \right)^{\gamma} \qquad (4.3)$$

其中,$\alpha, \upsilon \in (0, 1)$,$\gamma \geqslant 0$,$\overline{M} > 0$,$y_{it}$ 为企业产出,k_{it}、l_{it} 和 m_{it} 分别为企业的资本、劳动和环境要素(污染排放)投入。$M_t = \int m_{it} dG(a, z)$ 为整个经济的环境要素总投入(污染排放总量),$\overline{M}$ 为环境要素的最大值(可承受的最大污染排放量),$\overline{M}/M_t$ 则刻画了环境总体质量状况(其越大,说明环境质量越好)。γ 捕捉了环境质量对企业生产的影响:环境质量越差,越不利于企业生产(Bovenberg and Smulders,1995,1996;Schou,2000;陈素梅和何凌云,2017)——例如,较差的环境质量会损害工人健康,降低劳动效率;大气中二氧化硫等酸性污染物越多,对工业材料和机器设备等的腐蚀越严重;工业废水排放越多,对农业(农作物)和渔业(鱼)等产业造成的损失越大。

(4.3)式可涵盖生产过程中不同来源(如能源或资源使用产生)的污染排放。已有文献也常采用另一种建模方法:采用标准生产函数,将污染排放作为生产的副产品,而企业投入一定的要素用来削减污染排放(Antweiler et al.,2001;Li and Sun,2015;Li and Shi,2017;Shapiro and Walker,2018;张成等,2011;范庆泉等,2016;童建等,2016;沈坤荣等,

2017）。Copeland 和 Taylor（1994）、Tombe 和 Winter（2015）以及 Shapiro 和 Walker（2018）指出，这两种做法是等价的：相比而言，将污染排放作为副产品的做法更符合直观认识；将其作为要素投入则可使模型更简洁，也有利于更清晰地认识理解污染排放的经济作用（增加企业产出，与资本、劳动形成替代互补关系等）。我们可采取 Tombe 和 Winter（2015）的类似做法，假设企业利用资本和劳动形成一揽子要素投入：

$$x_{it} = k_{it}^{\alpha} l_{it}^{1-\alpha} = x_{yit} + x_{eit}$$

其中，x_{yit} 用于生产，x_{eit} 用于削减污染排放。生产函数为：

$$y_{it} = \left(\frac{1-\upsilon}{\upsilon}\right)^{1-\upsilon} z_{it}^{\alpha\upsilon} x_{yit} \left(\frac{\overline{M}}{M_t}\right)^{\gamma}$$

污染排放为生产副产品，即为生产要素投入 x_{yit} 的增函数（规模效应）、污染减排要素投入 x_{eit} 的减函数：

$$m_{it} = \left(\frac{1-\upsilon}{\upsilon}\right) \left[x_{yit} / (x_{yit} + x_{eit})^{\upsilon}\right]^{1/(1-\upsilon)}$$

由污染排放方程求出 x_{yit}，代入上述生产函数中可得（4.3）式。也有一些研究考虑了污染存量问题（范庆泉等，2016），这不会改变本书理论分析的主要结论。此外，可能更严谨的做法是：（4.3）式在 $M_t < \overline{M}$ 时成立；$M_t = \overline{M}$ 时，$y_{it} = 0$，即污染排放总量达到可承受的最大限度时，将会出现环境灾难、经济崩溃——这在实践中较少真实发生，故本书忽略了这一情形。我们也可考虑环境对污染排放的吸纳净化能力，则（4.3）式变为：

$$y_{it} = \left[(z_{it} k_{it})^{\alpha} l_{it}^{1-\alpha}\right]^{\upsilon} m_{it}^{1-\upsilon} \left(\frac{\overline{M}}{(1-\iota) M_t}\right)^{\gamma}$$

其中，$\iota \in [0, 1)$刻画了环境的吸纳净化能力，但这不会改变理论分析的主要结论。

(4.3)式给出的企业生产函数可较好地刻画环境污染的重要特性及其对企业产出的两种影响（或者说带来的收益和成本）：m_{it}越大，越有利于企业产出增加（$1-\upsilon$刻画了这一正影响的力度，决定了边际收益大小）；但也意味着M_t越大进而环境质量越差，对企业产出产生负影响（γ刻画了其力度，决定了边际成本大小），且这一成本具有外部性（单个企业m_{it}增加带来的成本将由所有企业承担），故会产生道德风险，激励企业家过度排污。这较好地捕捉了环境的公共池资源特性及其引发的过度攫取，即公地悲剧（tragedy of the commons）现象（Hardin, 1968），已有此类理论文献普遍认识到这一问题，但大多采用的是典型主体优化模型（Bovenberg and Smulders, 1995, 1996; Schou, 2000; Acemoglu et al., 2016），因而无法很好地捕捉环境的公共池资源特性可能对异质性企业行为的影响差异，进而对要素配置的影响。本书的异质性企业家模型则可较好地剖析这些问题（详见后文分析）。正因如此，政府需进行环境规制以矫正这一市场失灵，改善环境质量。

企业家面临的环境规制（即污染排放约束）方程为：

$$m_{it} \leqslant k_{it}^{\beta}/\theta_t, \quad \beta \in (0, 1], \quad \theta_t > 0 \tag{4.4}$$

其中，θ_t刻画了命令控制型环境规制力度（θ_t越大，规制力度越大）。[1]

---

[1] 环境规制政策主要包括命令控制型和市场激励型（如排污税费、减排补贴和环保财政支出）两大类，二者的逻辑一致，都旨在将污染外部性内部化。目前，我国环境规制政策主要为命令控制型——对企业征收的排污费（1995—2015 年排污费征收额占 GDP 的比率平均仅为0.05%）和给予企业的减排补贴规模都较小，也未完全建立起排污权交易制度（2002 年开始在山东等 7 省市试点，2007 年试点范围扩大到 11 个省市）。因此，基准模型重点关注命令控制型规制政策，下章分析考虑了排污税费政策、减排补贴政策以及环保财政支出政策的影响。

(4.4)式表明,企业的污染排放取决于政府环境规制力度和企业资本投入:(等号成立时)m_{it} 关于 θ_t 为递减的,关于 k_{it} 为递增(规模效应)和拟凹的[$\partial m_{it}/\partial k_{it}$ 为递减($\beta<1$)或不变($\beta=1$)]。Grossman 和 Krueger (1991)、Copeland 和 Taylor(1994,2003)以及 Antweiler 等(2001)指出,污染排放倾向于随着生产活动(尤其投资规模)的增加而增加,并将此称为规模效应。但他们采用的是线性规制政策设定($\beta=1$)且忽略了企业异质性。$\beta<1$ 的情形可作如下两种理解:

(1)可能捕捉了环境自然约束。即便没有环境规制,可承受的污染排放也是有限度的,故随着 k_{it} 进而 m_{it} 增加,企业面临的自然约束可能变紧,致使 $\partial m_{it}/\partial k_{it}$ 递减(这一过程可能比较漫长)。

(2)可能捕捉了另一类规制政策。$\partial m_{it}/\partial k_{it}$ 在 $\beta<1$ 时递减,在 $\beta=1$ 时不变,故可限定 $\beta<1$ 以进行环境规制——这可理解为(较 $\beta=1$ 时)政府实施了更严格的污染排放强度标准(或环保标准),迫使企业可能采取更清洁的生产技术以加速削减投资的边际污染排放量($\frac{\partial^3 m_{it}}{\partial k_{it}^2 \partial \beta} = \left(\frac{2\beta-1}{\theta_t}+\frac{\beta(\beta-1)}{\theta_t}\ln(k_{it})\right)k_{it}^{\beta-2}$ 的符号不确定,故 β 越小,$\partial m_{it}/\partial k_{it}$ 的递减趋势是否越明显在理论上不明确)。

后一种理解可能更可取,故本书可捕捉这两类命令控制型环境规制政策及其交互影响:θ_t 倾向于捕捉的是外延式政策(Extensive marginal policy),[①]$\beta<1$ 则倾向于捕捉的是内涵式政策(Intensive marginal policy)。前者是已有文献普遍考虑的政策类型,故基准理论分析主要关

————————————

① 其中,外延式环境规制政策还包括市场激励型环境规制政策,详见第五章。

注 θ_t 变化的影响,后文的稳健性分析考察了二者的交互影响。

值得注意的是,(4.4)式给出的环境规制是同质的,这意味着所有企业面临的环境规制力度相同,但污染排放是特异性的——取决于企业投资规模,进而与企业家生产率有关;这会激励企业家投资以期排放更多污染(θ_t 越大、β 越小,激励越强),但不同生产率企业家的投资行为反应不同[见后文(4.8)式],故会改变企业间要素配置——Holland(2009)及Fullerton 和 Heutel(2010)将这一激励效应称为隐性补贴效应(但忽略了企业异质性和要素配置效应)。目前,已有文献普遍采用的环境规制政策设定是:对企业的污染排放与资本(或劳动,或产出)的比值(即污染排放强度)施加一定限制(Helfand,1992;Holland,2009;Fullerton and Heutel,2010;Li and Sun,2015;Tombe and Winter,2015;Li and Shi,2017)。这对应于(4.4)式中 $\beta=1$ 的情形(故可视为本书的一种特例),(4.4)式则允许探究更广泛(包括 $\beta<1$ 时)的规制政策的影响,因而更具一般性。由(4.4)式可知,环境规制力度一定的情况下,企业可通过减少污染排放和(或)增加投资来达到规制要求,故(4.4)式蕴含的影响相当于对企业的污染排放征收(隐性)税、对投资给予(隐性)补贴。

现实经济中,企业会尽可能排放污染,故(4.4)式往往是紧的(即 $m_{it}=k_{it}^{\beta}/\theta_t$),代入(4.3)式有:

$$y_{it}=\theta_t^{\upsilon-1}z_{it}^{\alpha\upsilon}k_{it}^{\alpha\upsilon+\beta(1-\upsilon)}l_{it}^{(1-\alpha)\upsilon}\left(\frac{\bar{M}}{M_t}\right)^{\gamma}$$

由此可见,污染排放(环境要素投入)及其环境规制的引入增加了资本的产出弹性[由 $\alpha\upsilon$ 增加到 $\alpha\upsilon+\beta(1-\upsilon)$——$k_{it}$ 不仅直接影响产出,亦会影响 m_{it} 进而影响产出];规制力度增大将减少污染排放(环境要素投入)

从而对企业产出产生直接负影响,但也会改善环境质量(减少 M_t)进而对企业产出产生正影响。

企业家资产积累方程为:

$$\mathrm{d}a_{it}/\mathrm{d}t = s_{it}(a_{it}, z_{it}, \theta_t) = \Pi_{it}(a_{it}, z_{it}, \theta_t) + r_t^d a_{it} - c_{it} \quad (4.5)$$

其中,$s_{it}(a_{it}, z_{it}, \theta_t)$ 为企业家储蓄,$\Pi_{it}(a_{it}, z_{it}, \theta_t) = y_{it} - w_t l_{it} - (r_t^l + \delta_t)k_{it}$ 为企业利润,w_t 为工资率,δ_t 为折旧率,r_t^l 和 r_t^d 分别为资本租金率(借贷利率)和资产利息率(储蓄利率)——$r_t^l = r_t^d/(1-\xi)$。$\xi \in [0, 1)$ 为存贷利差参数,刻画了金融体系市场化程度(Song et al.,2011):ξ 越小,金融体系市场化程度越高,竞争性越强($\xi = 0$ 意味着市场为完全竞争的,存贷利率相等)。源于(信贷)合约有限执行问题,企业家还面临抵押信贷约束(Buera and Shin,2013;Moll,2014;贾俊雪,2017):

$$k_{it} \leqslant \lambda a_{it}, \lambda \geqslant 1 \quad (4.6)$$

即企业家资产负债率(杠杆率)不能大于 λ。λ 从另一维度刻画了金融发展水平:λ 越大意味金融体系越发达,企业家面临的信贷限制越小($\lambda = \infty$ 意味着不存在任何限制,企业家投资与其财富无关);λ 一定时,企业家可通过财富积累(a_{it} 增加)缓解信贷约束,这捕捉了自融资机制(Cagetti and De Nardi,2006;Moll,2014)——Guariglia 等(2011)利用 2000—2007 年规模以上工业企业数据发现,我国民营企业面临比较严重的信贷约束,其主要通过自有资金为投资融资。这样,本书引入两类金融摩擦(存贷利差和信贷约束),可较好地捕捉我国金融体系不完善的现实特点(利率尚未完全市场化,金融机构尤其国有商业银行具有较大垄断性,中小企业普遍面临较突出的信贷约束)。

二、企业家优化问题

求解企业家利润最大化问题可得最优的劳动、资本投入和产出：

$$l_{it}(a_{it}, z_{it}, \theta_t) = \psi_t [\theta_t^{v-1} z_{it}^{\alpha v} k_{it}^{\alpha v + \beta(1-v)}]^{\frac{1}{1-(1-\alpha)v}} \tag{4.7}$$

$$k_{it}(a_{it}, z_{it}, \theta_t) = \min(k_{it}^u(z_{it}, \theta_t), \lambda a_{it})$$

$$= \begin{cases} \pi_t \theta_t^{1/(\beta-1)} z_{it}^{\alpha v/[(1-\beta)(1-v)]}, & z_{it} < \underline{z}_{it} \\ \lambda a_{it}, & z_{it} \geqslant \underline{z}_{it} \end{cases} \tag{4.8}$$

$$y_{it}(a_{it}, z_{it}, \theta_t) = \psi_t^{(1-\alpha)v} [\theta_t^{v-1} z_{it}^{\alpha v} k_{it}^{\alpha v + \beta(1-v)}]^{\frac{1}{1-(1-\alpha)v}} \left(\frac{\bar{M}}{M_t}\right)^{\gamma} \tag{4.9}$$

其中, $\pi_t = \left[\left(\dfrac{\alpha v + \beta(1-v)}{r_t^l + \delta_t}\right)^{1-(1-\alpha)v} \left(\dfrac{(1-\alpha)v}{w_t}\right)^{(1-\alpha)v} \left(\dfrac{\bar{M}}{M_t}\right)^{\gamma}\right]^{1/[(1-\beta)(1-v)]}$;

$$\psi_t = \left[\left(\frac{(1-\alpha)v}{w_t}\right) \left(\frac{\bar{M}}{M_t}\right)^{\gamma}\right]^{1/[1-(1-\alpha)v]} 。$$

(4.8)式给出的企业家投资函数为一个分段函数：具有较高生产率（即 $z_{it} \geqslant \underline{z}_{it}$）的企业家将选择较高的投资水平（$k_{it} = k_{it}^u$ 时,有 $\partial k_{it}/\partial z_{it} = \alpha v k_{it}/[(1-\beta)(1-v)z_{it}] > 0$）,但因信贷约束而无法大于 λa_{it}。特别地,当 $\pi_t \theta_t^{1/(\beta-1)} z_{it}^{\alpha v/[(1-\beta)(1-v)]} = \lambda a_{it}$ 时,我们可求得生产率阈值的表达式：

$$\underline{z}_{it} = \left(\frac{\lambda a_{it}}{\pi_t}\right)^{\frac{(1-\beta)(1-v)}{\alpha v}} \theta_t^{\frac{1-v}{\alpha v}}$$

$\underline{z}_{it}$ 即为紧的信贷约束[(4.6)式等号成立]对应的生产率阈值——生产率高于这一阈值的企业家（他们的最优投资规模进而外部资金需求较大）将面临紧的信贷约束而无法选择最优投资水平,导致资本错配和生产率损失；$\underline{z}_{it}$ 越小,信贷受限企业家越多,资本错配和生产率损失越大。环境规制政策(θ_t)对 z_{it} 具有直接影响,亦会影响环境质量(进而 π_t)和企业家财富积累即自融资机制[进而 a_{it},见(4.5)式、(4.7)式、(4.8)式和(4.9)式]从而对 z_{it} 产生间接影响[后文数值模拟分析将详细考察环境规制政策对 z_{it}(进而对 TFP)的一般均衡效应]。

在(4.5)—(4.9)式的约束下,企业家选择消费以最大化预期效用,则有如下 Bellman 方程和一阶最优条件:

$$\rho V_{it}(a_{it}, z_{it}, \theta_t) = \max_{c_{it}} u(c_{it}) + \frac{\partial}{\partial a}[V_{it}(a_{it}, z_{it}, \theta_t) s_{it}(a_{it}, z_{it}, \theta_t)]$$

$$+ \frac{\partial}{\partial z}[V_{it}(a_{it}, z_{it}, \theta_t) \mu(z_{it})]$$

$$+ \frac{1}{2} \frac{\partial^2}{\partial z^2}[V_{it}(a_{it}, z_{it}, \theta_t) \sigma^2(z_{it})]$$

$$+ \frac{\partial}{\partial t} V_{it}(a_{it}, z_{it}, \theta_t) \tag{4.10}$$

$$c_{it}(a_{it}, z_{it}, \theta_t) = \left[\frac{\partial V_{it}(a_{it}, z_{it}, \theta_t)}{\partial a}\right]^{-1/\eta} \tag{4.11}$$

其中,$V_{it}(a_{it}, z_{it}, \theta_t)$ 为值函数。(4.11)式表明,企业家的最优消费取决于资产影子价格($\partial V_{it}/\partial a$)和消费跨时替代弹性($1/\eta$)。[1]

三、市场均衡与经济总量

经济均衡时,满足如下资本市场和劳动市场出清条件:

---

[1] 此外,为更清晰揭示企业家消费行为,我们也尝试利用 Hamilton 方程求解,则有:$c_{it} = \eta(\partial \Pi_{it}/\partial a + r_t^d - \rho)^{-1}$,$\frac{\partial \Pi_{it}}{\partial a} = \begin{cases} 0, & z_{it} < \underline{z}_{it} \\ \lambda(r_t^l + \delta_t)[(z_{it}/\underline{z}_{it})^{\alpha v/[1-(1-\alpha)v]} - 1], & z_{it} \geqslant \underline{z}_{it} \end{cases}$。这表明,生产率低于阈值(非信贷受限)的企业家的消费取决于实际贴现率和消费跨时替代弹性;生产率高于阈值(信贷受限)的企业家的消费还取决于其资产对利润的影响。由于信贷约束,这些企业家的投资取决于自身资产规模,促使他们减少消费以积累更多财富以克服信贷约束;生产率越高,企业家的这一自融资动机越强。

$$K_t = \int k_{it}(a_{it}, z_{it}, \theta_t) \mathrm{d}G(a, z) = \int a_{it} \mathrm{d}G(a, z) \qquad (4.12)$$

$$L_t = \int l_{it}(a_{it}, z_{it}, \theta_t) \mathrm{d}G(a, z) = N_t \qquad (4.13)$$

其中,K_t 为总资本,L_t 为总劳动。进而,可得总量生产函数为:

$$Y_t = Z_t (K_t^\alpha L_t^{1-\alpha})^v \widetilde{M}_t^{1-v} \left(\frac{\overline{M}}{M_t}\right)^\gamma \qquad (4.14)$$

$$Z_t = \Phi(\lambda, \underline{z}_{it}) \left[\int_0^\infty \int_0^z z_{it}^{\frac{\alpha v}{(1-\beta)(1-v)}} g(a, z) \mathrm{d}z \mathrm{d}a\right]^{(1-\beta)(1-v)} \qquad (4.15)$$

其中,$Y_t = \int y_{it}(a_{it}, z_{it}, \theta_t) \mathrm{d}G(a, z)$ 为经济总产出,$\widetilde{M}_t = K_t^\beta / \theta_t$。$Z_t$ 为整个经济的 TFP,可视为非信贷受限企业家(生产率低于 $\underline{z}_{it}$ 而面临松的信贷约束的企业家)的生产率均值(确切为 $\alpha v / [(1-\beta)(1-v)]$ 阶原点矩)的一个倍数,即

$$\Phi_t(\lambda, \underline{z}_{it})$$

$$= [1 - \lambda(1 - \Theta_t(\underline{z}_{it})) + \lambda \Omega_t(\underline{z}_{it})]^{1-(1-\alpha)v} / [1 - \lambda(1 - \Theta_t(\underline{z}_{it}))]^{(1-\beta)(1-v)}$$

非信贷受限企业家的累计资产份额为:

$$\Theta_t(\underline{z}_{it}) = \frac{1}{K_t} \int_0^z \int_0^\infty a_{it} g(a, z) \mathrm{d}a \mathrm{d}z$$

因信贷约束限制了高生产率企业家的投资而造成的累计资产损失份额(刻画了资本错配程度)则为:

$$\Omega_t(\underline{z}_{it}) = \frac{1}{K_t} \int_0^\infty \int_{\underline{z}}^\infty (z_{it}/\underline{z}_{it})^{\frac{\alpha v}{1-(1-\alpha)v}} a_{it} g(a, z) \mathrm{d}z \mathrm{d}a$$

由此可见,环境规制政策可影响 $\underline{z}_{it}$(见前文分析),故而会影响整个经济

的 TFP。

另外，若采用典型主体优化模型，可以得出总量生产函数为：

$$Y_t = \sum y_{it} = z_t^{\alpha \upsilon} (K_t^{\alpha} L_t^{1-\alpha})^{\upsilon} \widetilde{M}_t^{1-\upsilon} \left[\frac{\overline{M}}{\widetilde{M}_t}\right]^{\gamma}$$

本书由异质性企业家模型得到的总量生产函数(4.14)式与之相比存在两点不同：

第一，典型主体优化模型的 TFP 为外生的，而本书中企业家生产率为外生的，但整个经济的 TFP 很大程度上为内生的，取决于企业间要素配置；

第二，典型主体优化模型存在加总偏差，体现在 $\widetilde{M}_t$ 和 M_t 的大小取值上，只有当 $\beta = 1$ 时，才有 $\widetilde{M}_t = M_t$，即

$$\widetilde{M}_t = \frac{1}{\theta_t} \left(\int k_{it} \mathrm{d}G(a, z)\right)^{\beta} \neq M_t = \frac{1}{\theta_t} \int k_{it}^{\beta} \mathrm{d}G(a, z)$$

为更好理解 Θ_t 和 Ω_t 的含义，我们定义生产率为 z_{it} 的企业家的资产份额为：

$$\omega_t(z_{it}) = \frac{1}{K_t} \int_0^{\infty} a_{it} g(a, z) \mathrm{d}a$$

故 $\Theta_t(z_{it}) = \int_0^z \omega_t(x_{it}) \mathrm{d}x$ 可理解为生产率小于等于 z_{it} 的企业家的累计资产份额。资产为 a_{it} 的企业家相对生产率 $(z_{it}/\underline{z}_{it})$ 的 $\vartheta = \alpha \upsilon / [1-(1-\alpha)\upsilon]$ 阶截断原点矩可表示为：

$$s_{\vartheta}(a_{it}) = \int_{\underline{z}}^{\infty} (z_{it}/\underline{z}_{it})^{\vartheta} g(a, z) \mathrm{d}z = E_a[(z_{it}/\underline{z}_{it})^{\vartheta} \mid z_{it} \geqslant \underline{z}_{it}]$$

由此可得：$\Omega_t(\underline{z}_{it}) = \frac{1}{K_t} \int_0^{\infty} s_{\vartheta}(a_{it}) a_{it} g(a, z) \mathrm{d}a$。

此外,TFP 也可表示为:

$$Z_t = \Psi_t(\lambda, \underline{z}_{it}) \left[\int_0^\infty \int_{\underline{z}}^\infty (z_{it}/\underline{z}_{it})^{\frac{av}{1-(1-a)v}} \underline{z}_{it}^{\frac{av}{(1-\beta)(1-v)}} g(a, z) dz da \right]^{(1-\beta)(1-v)}$$

即 TFP 也可简单视为信贷受限企业家生产率均值的一个倍数 $\Psi_t(\lambda, \underline{z}_{it})$,且

$$\Psi_t(\lambda, \underline{z}_{it}) = [1 - \lambda(1 - \Theta_t(\underline{z}_{it})) + \lambda\Omega_t(\underline{z}_{it})]^{1-(1-a)v}/[\lambda\Omega_t(\underline{z}_{it})]^{(1-\beta)(1-v)}$$

总物质资本积累方程和要素价格为:

$$dK_t/dt = [1 - (1-a)v]Y_t - (\xi r_t^l + \delta_t)K_t - C_t \qquad (4.16)$$

$$w_t = (1-a)v Z_t K_t^{av} L_t^{(1-a)v-1} \widetilde{M}_t^{1-v} \left(\frac{\overline{M}}{M_t}\right)^\gamma \qquad (4.17)$$

$$r_t^l = [av + \beta(1-v)]\zeta_t Z_t K_t^{av-1} L_t^{(1-a)v} \widetilde{M}_t^{1-v} \left(\frac{\overline{M}}{M_t}\right)^\gamma - \delta_t \qquad (4.18)$$

其中,$C_t = \int c_{it}(a_{it}, z_{it}, \theta_t) dG(a, z)$ 为企业家总消费,$\xi r_t^l K_t$ 为存贷利差导致的资本损失;ξ 越大,则越不利于总资本的积累。(4.17)式和(4.18)式表明:工资率等于总劳动的边际产出,但总资本租金率即资本使用成本(user cost of capital:$r_t^l + \delta_t$)与总资本的边际产出不相等——(4.18)式右边多出 $\beta(1-v)$(捕捉了污染排放及其规制的影响)和 $\zeta_t = [1 - \lambda(1 - \Theta_t(\underline{z}_{it})) + \lambda\Omega_t(\underline{z}_{it})]^{-1}$(捕捉了信贷约束和环境规制[通过影响 $\underline{z}_{it}$]的影响)。事实上,Moll(2014)指出,存在信贷约束的情况下,总资本租金率小于总资本的边际产出,但本书在此基础上还引入环境要素(污染排放)投入——由 $\beta(1-v) > 0$ 可知,环境要素(污染排放)的引入增加了物质资本的边际收益,这会对企业家的资本投资产生激励效应,即物质资本投入越

多,企业会占用更多的环境要素(增加污染排放);另一方面 ζ_t 的大小则取决于环境规制力度 θ_t 和信贷市场完善程度 λ。但由于 $\zeta_t > \alpha\upsilon/[\beta(1-\upsilon)+\alpha\upsilon]$ 是否成立并不明晰,故本书无法判断总资本租金率与总资本边际产出的大小关系。(4.18)式表明,给定参数 β、υ 和 λ,总资本租金率的大小最终受到环境规制的影响。

最后,边际分布函数 $g(a, z)$ 可由如下 Kolmogorov 向前方程给出:

$$\frac{\partial g(a, z)}{\partial t} = -\frac{\partial}{\partial a}[s_{it}(a_{it}, z_{it}, \theta_t)g(a, z)] - \frac{\partial}{\partial z}[\mu(z_{it})g(a, z)]$$

$$+\frac{1}{2}\frac{\partial^2}{\partial z^2}[\sigma^2(z_{it})g(a, z)] \quad\quad (4.19)$$

这样,在环境规制政策 θ_t 外生给定、企业家生产率 z_{it} 由(4.1)式给定和边际分布函数 $g(a, z)$ 由(4.19)式给定的情况下,经济均衡由满足(4.10)—(4.19)式的 $\{Y_t, Z_t, K_t, L_t, M_t, V_t, C_t, w_t, r_t^l\}$ 刻画。

四、数值模拟分析

本书理论模型是一个环境规制下连续时间的异质性企业家模型,核心在于利用 Achdou 等(2022)的隐性-迎风算法(implicit-upwind scheme)求解 Bellman 方程(4.10)式和 Kolmogorov 向前方程(4.19)式。然后,就环境规制对 TFP 的影响进行模拟分析。

(1)基本求解思路。模型求解的核心思想是先给定工资率 w、资本租金率 r^l 和 $mk = \bar{M}/M$(环境总体质量)的初值,结合基准参数设定可得出各经济变量的初值,然后对工资率 w、资本租金率 r^l 和 $mk = \bar{M}/M$(环境总体质量)进行迭代直至劳动市场和资本市场出清以及污染总排放供求相等[即 $MD_t = \int m_{it} dG(a, z) = \bar{M}/mk_t = MS_t$],即可得稳态均衡条件下各经济变量的值。具体包含如下步骤。

第一,设定初值 w_0、r_0^l 和 mk_0。

第二,给出 l、k 和 y,进而利用 Achdou 等(2022)的隐性-迎风算法(implicit-upwind scheme)求解方程(4.10)式和(4.19)式,进而得出 c、s、V、$g(a, z)$ 和各总量变量的值。

第三,检查劳动市场是否出清:若存在过度劳动需求(或供给),则选择一个新的较大(或较小)的 w。

第四,重复步骤二和三,直到劳动市场出清为止。

第五,检查资本市场是否出清:若存在过度资本需求(或供给),则选择一个新的较大(或较小)的 r^l。

第六,重复步骤二至五,直到资本市场出清为止。

第七,检查污染总排放供求是否相等:若污染排放总需求 MD_t 大于(或小于)总供给(MS_t),则选择一个新的较小(或较大)的 mk。

第八,重复步骤二至七,直到污染总排放供求相等为止。

(2)参数设定。模型参数均依据中国现实数据和相关文献进行赋值(后文将对核心参数的取值进行稳健性分析)。具体而言,我们将劳动力总量 N 和环境要素最大值 $\bar{M}$ 都正规化为1。就生产函数而言,我们将参数 α、υ 和 γ 分别设为0.53、0.84和0.014,这符合我国现实数据和已有文献的取值范围。[①] 依据已有文献的普遍做法,我们将折旧率 σ 设为0.06

---

① 由我国1988—2014年的地级市(市辖区)数据估算得到,资本和劳动的产出弹性分别为0.44和0.4,进而由(4.3)式可得 α 和 υ。目前,我国尚缺乏关于环境质量外部性参数 γ 的经验数据。Schou(2000)、Groth 和 Schou(2007)以及 Bella 和 Mattana(2019)分别将 γ 设为0.03、0.005和0.007,本书以它们的均值(0.014)作为 γ 的基准赋值。

(Wang，2013)，将相对风险厌恶因子 η 设为 2(Achdou et al.，2022)，将贴现率 ρ 和信贷约束参数 λ 分别设为 0.41 和 1.15(贾俊雪，2017)，并由 1988—2019 年我国一年期存款和贷款利率将存贷利差参数 ξ 设为 0.424。为便于参数化，我们把(4.1)式具体化为：$d\log z_{it} = -\varepsilon \log z_{it} dt + \sigma dW$，并将 ε 和 σ 分别设为 0.49 和 1.1。[①]

最后，对于环境规制参数 θ 和污染排放强度标准参数(以下简称"强度标准参数")β，目前尚缺乏良好的经验数据和文献依据。本书通过对它们的赋值使如下两个变量的模型预测值与现实数据相匹配：资本租金率(资本回报率)和储蓄率。相对而言，β 对资本租金率的影响更直接［见(4.18)式］，故本书依据我国资本回报率将 β 设为 0.08，依据总储蓄率将 θ 设为 21(并考察其变化的影响)。[②]

(2) TFP 效应。图 4.1 给出环境规制力度 θ 变化对 TFP 以及总产出 Y、工资率 w 和资本租金率 r^l 的影响。为使数值有意义，本书对 TFP 和总产出进行标准化处理，即除以基准(参数均取基准值时)的 TFP 和总产出。图 4.1(a)显示，环境规制对 TFP 总体上具有弱 U 型影响(TFP 曲线近乎为 L 型)：当 $\theta \leqslant 55$ 时，θ 增加对 TFP 的影响为负(这一负效应主要

①　这一设定等价于一个连续时间的 AR(1)过程：z_{it} 的稳态分布服从一个均值为零、方差为 $\sigma^2/(2\varepsilon)$ 的正态分布，自相关系数为 $e^{-\varepsilon}$；故参数 ε 决定了企业家生产率变化的持续性，与 σ 共同决定了企业家生产率的差异性。1998—2007 年，我国规模以上工业企业对数 TFP 离散 AR(1)过程的自相关系数和残差标准差分别为 0.75 和 0.81。鉴于本书模拟样本期较长(企业家生产率变化的持续性倾向于更强，差异性可能更大)，故采用较小的自相关系数(0.61)和较大的残差标准差(1.11)作为基准赋值，由此可得 ε 和 σ 的取值。工业企业数据来源于国家统计局规模以上工业企业调查数据。

②　由 Bai 等(2006)可知，1988—2005 年，我国资本回报率为 22.5%，但总体呈下降趋势(由 27.5% 减少到 21%)；故采取一个较小值(15%)作为赋值依据。由 GDP 核算支出法(总储蓄＝GDP－居民消费－政府消费)可知：1988—2017 年，我国总储蓄率为 43.8%。鉴于理论模型刻画的是企业家行为(企业家储蓄率较高)，故以一个较大值(52.7%)作为赋值依据。

集中于 θ 较小时)。事实上,在经济发展初期,为更好吸引企业投资,政府往往会采取较弱的环境规制政策(甚至变相鼓励企业过度使用环境资源、

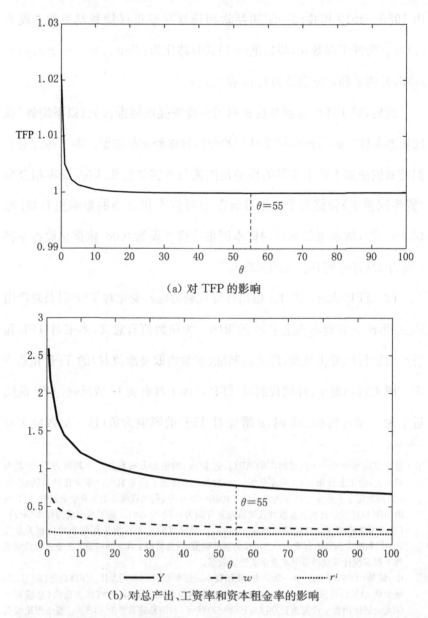

(a) 对 TFP 的影响

(b) 对总产出、工资率和资本租金率的影响

图 4.1 环境规制力度 θ 变化对 TFP、总产出 Y、工资率 w 和资本租金率 r' 的影响

过度排放污染），即存在较突出的"以环境换增长"现象——我国改革开放后较长的一段时期内，这一现象在各级地方政府都较为普遍。在此情形下，加大环境规制力度对 TFP 的负影响会尤为突出。而当 $\theta > 55$ 时，θ 增加对 TFP 具有正影响但很弱。环境规制对总产出、工资率和资本租金率则始终具有负影响，但影响力度随着 θ 增加而呈现出持续弱化的态势，即表现为弱 L 型影响［见图 4.1(b)］。

究其原因，在于环境规制可影响企业家财富积累进而影响要素配置[①]：一方面，环境规制会减少企业污染排放（即环境要素投入），从而对企业产出产生负影响，抑制企业家财富积累；另一方面，环境规制也会改善环境质量，有利于企业产出进而企业家财富增加［见(4.3)式和(4.5)式］。相比而言，前一种效应更为直接，故而环境规制对总产出（以及工资率和资本租金率）始终具有负影响，但呈现出弱 L 型特征。而工资率和资本租金率的下降可减少企业要素投入成本，因此有利于企业家财富积累。在上述机制的共同作用下，环境规制对 TFP 具有弱 U 型影响。

前文理论分析表明，企业间资本错配构成 TFP 损失的直接根源，即企业间的资本错配程度越高，TFP 损失会越大；反之亦然。因此，后文将进一步考察环境规制对企业间资本配置的影响，以直观揭示环境规制对 TFP 影响的核心机理。为了更直观地刻画企业间的资本错配程度，我们引入如下两个变量：(1)非信贷受限企业与信贷受限企业资本产出比的比值 KY_{lhz}（以下简称"两类企业资本产出比的比值"）；(2)信贷受限企业家累计资产损失份额 $\Omega(\underline{z})$。若二者的值越大，则说明企业间的资本错配

①　本书理论模型中，要素配置扭曲进而 TFP 损失主要源于信贷约束限制了高生产率企业家的投资，而企业家财富积累有助于缓解信贷约束进而减少要素配置扭曲和 TFP 损失。

越严重,TFP 的损失就越大,反之亦然。

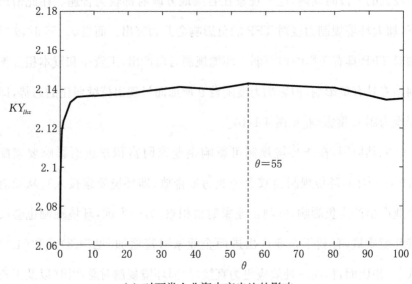

（a）对两类企业资本产出比的影响

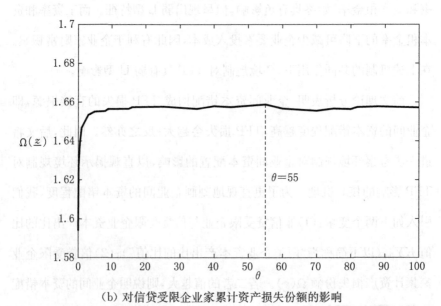

（b）对信贷受限企业家累计资产损失份额的影响

**图 4.2　环境规制力度 θ 变化对两类企业资本产出比的比值 KY_{lhz} 和
信贷受限企业家累计资产损失份额 $\Omega(\underline{z})$ 的影响**

图 4.2 给出的数值模拟结果表明：环境规制对 KY_{lhz} 和 $\Omega(\underline{z})$ 都具有弱倒 U 型影响，且倒 U 型曲线顶点对应的规制力度 θ 均为 55，这意味着此时企业间的资本错配程度最严重，从而使得 TFP 的损失达到最大。具体而言，当 $\theta \leqslant 55$ 时，θ 增加导致 KY_{lhz} 和 $\Omega(\underline{z})$ 先出现急剧上升而后变得平缓（这一正效应集中在 θ 较小时）；当 $\theta > 55$ 时，θ 增加导致 KY_{lhz} 和 $\Omega(\underline{z})$ 缓慢下降。这很好地契合了环境规制对 TFP 的影响（即当 θ 较小时，环境规制对 TFP 的负影响尤其显著；而当 θ 为 55 时，TFP 达到最低值，随后 TFP 缓慢上升），凸显出资本配置机制对于理解环境规制 TFP 效应的重要性。

此外，容易发现：两类企业资本产出比的比值显著大于 1［即 $KY_{lhz} > 1$，见图 4.2(a)］，这较直观地刻画了信贷约束条件下的不同企业家行为差异——相较于非信贷受限（低生产率）企业家，信贷受限（高生产率）企业家可能有更大的劳动需求，这源于信贷约束限制了高生产率企业家的投资，迫使这些企业家通过雇用更多劳动力来弥补投资的不足。同时，模拟结果还显示：尽管随着环境规制的不断加强能改善企业间的资本配置效率（当时 $\theta > 55$ 时，KY_{lhz} 出现缓慢的下降趋势），但依然存在较多高生产率企业家由于信贷约束而倾向投入更多劳动以弥补投资不足（KY_{lhz} 始终大于 1），表明环境规制对于企业间资本配置效率的改善作用是比较有限的，这为"当 $\theta > 55$ 时，TFP 的上升趋势非常平缓，即 TFP 曲线呈弱 U 型的结论"提供了支持证据。以上机理分析清晰地揭示了环境规制对 TFP 的影响及作用机制，进一步证实了环境规制对企业间要素配置的影响是其影响 TFP 的重要渠道。

五、稳健性分析

为检验基准结论的可靠性,我们进行如下稳健性分析。

一是尝试改变核心参数(贴现率 ρ、污染排放产出弹性 $1-\upsilon$、环境质量外部性参数 γ、信贷约束参数 λ、存贷利差参数 ξ、强度标准参数 β 以及企业家生产率分布参数 ε 和 σ)的取值。模拟结果表明:在较合理的取值范围内,环境规制(θ 变化)对 TFP 的影响结果出现了一些较明显的改变,但基本结论保持了较好的稳健性。

二是尝试从如下几个方面对基准模型进行改变拓展:(1)引入固定成本,以捕捉由环境规制政策导致的企业生产成本增加进而对 TFP 的影响;(2)在效用函数(而非生产函数)中引入环境质量外部性,以捕捉由环境规制政策导致的企业家效用增加进而对 TFP 的影响;(3)改变环境规制政策设定,以捕捉不同政策设定情形下环境规制对 TFP 的影响。模拟结果表明:环境规制(θ 变化)对 TFP 的影响结果出现了一些较明显的改变,但基本结论总体上保持了较好的稳健性。为了更直观全面地反映不同参数变化和模型设定下环境规制的经济影响,以及能更深入地剖析不同参数或政策变量对整个经济的影响机制,图 4.3 至图 4.14 均给出不同情形下环境规制对 TFP 和总产出的影响。此外,为了更加简洁地呈现结果,图中均略去了基准结果的 TFP(或总产出)曲线。具体详见后文分析。

(一) 改变核心参数

(1)贴现率 ρ 变化的影响。根据前文的基准假定,工人不存在储蓄。事实上,工人存在储蓄的假定更具一般性,此时工人的储蓄方程如下:

$\mathrm{d}a_t/\mathrm{d}t = w_t + r_t^d a_t - c_t$，$a_t \geqslant 0$。Moll（2014）的研究指出，只要储蓄利率小于贴现率（即 $r_t^d < \rho$），从长期来看，稳态均衡的结果都会使工人的储蓄为零。因此，为使模型分析更加简洁，避免工人存在储蓄的情况，基准参数设定时将 ρ 的取值大于资本租金率（$r_t^l = r_t^d/(1-\xi)$），而中国金融体系不完善的现实特点导致资本租金率相对较高，因此，将其赋值为 0.41（贾俊雪，2017）。后文将深入剖析 ρ 变化对经济的影响及其作用机制。

根据前文 Hamilton 方程求解的结果（详见前文脚注），刻画了 ρ 对两类企业家的消费分别产生的不同影响：对于生产率低于其阈值（非信贷受限）的企业家而言，其消费取决于实际贴现率、储蓄利率和消费跨时替代弹性。因此，ρ 增加会促使他们扩大消费支出。对于生产率高于其阈值（信贷受限）的企业家而言，其消费还取决于其资产对利润的影响。由于信贷约束，这些企业家的投资取决于自身资产规模，促使他们减少消费以积累更多财富来克服信贷约束；生产率越高，企业家的这一自融资动机越强。因此，ρ 增加对他们消费行为的影响不确定。

图 4.3 给出的数值模拟结果显示：在一定范围内变化 ρ 的取值，环境规制对 TFP 和总产出的影响（分别具有弱 U 型和弱 L 型影响）与前文基准结论一致，具有良好的稳健性。模拟结果还表明，ρ 增加，有利于 TFP 提升［见图 4.3（a）］，但降低了总产出水平［见图 4.3（b）］。结合上述机制分析，这可能是因为 ρ 增加扩大了低生产率（非信贷受限）企业家的消费，而对高生产率（信贷受限）企业家的消费行为影响较小（源于较强的自融资动机），反而促使社会财富向高生产率企业家集中（导致社会总消费减小），从而缓解了信贷约束带来的 TFP 损失，但同时降低了总产出水平。

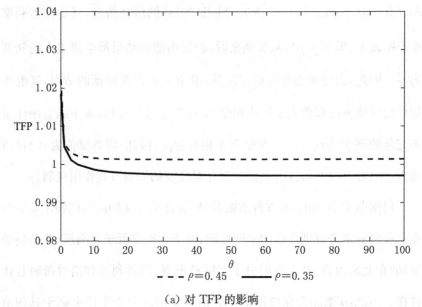

（a）对 TFP 的影响

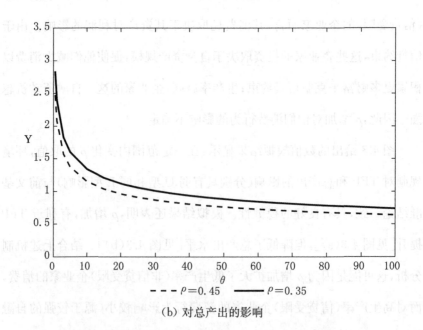

（b）对总产出的影响

图 4.3 贴现率 ρ 不同取值(0.35, 0.45)下 θ 变化的影响

(2) 污染排放产出弹性 $1-\upsilon$ 变化的影响。由 (4.3) 式可知，$1-\upsilon$ 捕捉了污染排放（环境要素）对企业生产的影响：污染排放越多，越有利于企业生产，反之亦然。$1-\upsilon$ 大小则决定了污染排放对企业产出的边际影响：$1-\upsilon$ 越大，意味着污染排放对企业产出的正影响就越大。图 4.4 给出不同 $1-\upsilon$ 取值下环境规制变化对 TFP 和总产出的影响。

图 4.4(a) 给出的数值模拟结果显示：在一定范围内变化 $1-\upsilon$ 的取值，环境规制对 TFP 仍具有弱 U 型影响，与基准结果保持一致。值得注意的是：$1-\upsilon$ 越大，TFP 的总体平均水平越小。当 $1-\upsilon$ 取值为 0.2 时，TFP 的 U 型曲线处于 "$1-\upsilon$ 取值为 0.1 时 TFP 的 U 型曲线" 的下方，而且变得更加陡峭，说明环境规制的 TFP 效应明显增强。原因在于：在一揽子要素（$k_{it}^{\alpha} l_{it}^{1-\alpha}$，即资本和劳动）与环境要素（$m_{it}$）关于企业产出规模报酬不变的模型设定下 [见 (4.3) 式]，$1-\upsilon$ 越大，则 υ 越小，即意味着 $k_{it}^{\alpha} l_{it}^{1-\alpha}$ 的产出弹性越小。现实经济中，资本和劳动的投入对企业生产的影响往往远大于污染排放对企业生产的影响（$\upsilon > 1-\upsilon$，即 $\upsilon > 0.5$。事实上，前文的基准结果将 υ 设为 0.84)，故 $1-\upsilon$ 增加给企业生产带来的正影响远小于 υ 减小给企业生产带来的负影响，从而不利于企业产出增加，这会抑制企业家的财富积累 [此时 $1-\upsilon$ 变化对工资率和资本租金率产生的影响较小，见 (4.17) 式和 (4.18) 式]，进而加剧了信贷约束对 TFP 带来的损失。另一方面，鉴于本书理论模型为环境规制下的异质性企业家模型，$1-\upsilon$ 越大，加强了企业生产对污染排放的过度依赖性（这与规制参数 β 的作用机制类似，详见后文分析），环境规制对污染排放规模较大 [m_{it} 越大，往往对应高生产率（信贷受限）企业家] 企业的约束作用就越强，进而对高生产率企业家财富积累的抑制作用更明显，这会加剧环境规制下不同企业家

面临的激励差异,故环境规制的 TFP 效应增强。

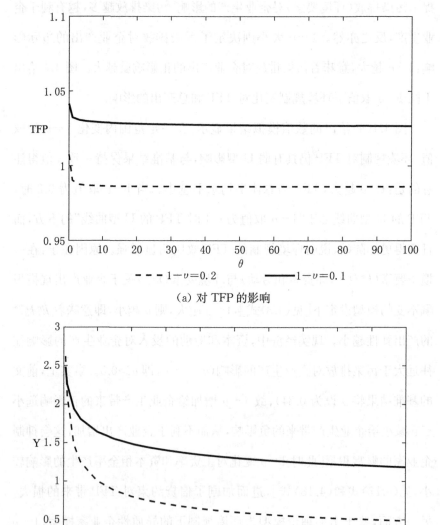

（a）对 TFP 的影响

（b）对总产出的影响

图 4.4 污染排放产出弹性 1－υ 不同取值(0.1，0.2)下 θ 变化的影响

图 4.4(b)给出的数值模拟结果显示：在一定范围内变化 $1-\upsilon$ 的取值，环境规制对总产出仍具有弱 L 型影响，与基准结果保持一致。$1-\upsilon$ 取值为 0.2 时，总产出的 L 型曲线明显处于"$1-\upsilon$ 取值为 0.1 时总产出的 L 型曲线"的下方，而且变得更加陡峭（意味着环境规制的总产出效应增大），这很好地证实了上述 $1-\upsilon$ 变化对企业生产的作用机制。

（3）环境质量外部性参数 γ 变化的影响。由（4.3）式可知，γ 捕捉了环境质量($\bar{M}/M_t$)对企业生产的影响：环境质量越差，越不利于企业生产，反之亦然。γ 的大小则决定了环境质量对企业产出的边际影响：γ 越大，意味着环境质量对企业产出的正影响就越大。图 4.5 给出不同 γ 取值下环境规制变化对 TFP 和总产出的影响。为使数值模拟的结果更加简洁清晰，图中略去了基准结果（$\gamma=0.014$ 时）TFP 和总产出随 θ 变化的曲线，且基准结果的曲线均处于 $\gamma=0$ 和 $\gamma=0.03$ 时模拟结果所对应的两条曲线之间（说明基准结果具有良好的稳健性）。

图 4.5(a)给出的数值模拟结果显示：在一定范围内变化 γ 的取值，环境规制对 TFP 仍具有弱 U 型影响，与基准结果保持一致。而且 γ 越大，TFP 的总体平均水平越高。当 γ 取值为 0.03 时 TFP 的 U 型曲线略微处于 γ 取值为 0 时 TFP 的 U 型曲线的上方，且两条曲线几乎重叠。这源于 γ 对企业家财富积累存在两种效应的影响。一是直接正影响。γ 越大，直接增加了环境质量对企业产出的边际收益，激励企业扩大生产，从而有利于企业家财富积累。二是间接负影响。γ 越大，企业增加产出的同时引致了要素需求，尤其是对资本和劳动投入需求的扩大（环境规制约束下，环境要素投入受到限制，导致资本和劳动投入的替代效应增强），进而推升了要素价格（资本租金率和工资率），企业生产成本增加，不利于企

业家财富积累[前文的企业家储蓄方程以及要素价格表达式,很好地刻画了这一机制,详见(4.5)式、(4.17)式和(4.18)式]。在这两种效应的共同作用下,γ 变化对企业家财富积累进而对 TFP 的影响不明显。

图 4.5(b)给出的数值模拟结果显示:在一定范围内变化 γ 的取值,环境规制对总产出仍具有弱 L 型影响,与基准结果保持一致。而且 γ 越大,总产出水平越高。当 γ 取值为 0.03 时,总产出的 L 型曲线明显处于"γ 取值为 0 时 TFP 的 U 型曲线"的上方,这很好地证实了 γ 增加对企业产出具有直接正影响这一作用机制。此外,模拟结果还显示,γ 增加,环境规制的总产出效应反而减小(γ 取值为 0.03 时,总产出的 L 型曲线变得更平缓),原因比较直观:随着环境规制力度加强,环境质量不断改善,γ 越大,代表环境质量对企业产出的边际收益越强,因而减弱了环境规制对企业产出的负影响程度。

值得注意的是,$\gamma=0$ 时,刻画了不存在环境质量正外部性的情况。图 4.5 显示:即使不考虑环境质量正外部性,数值模拟的结果依然与基准结论保持了良好的一致性,这为本书结论的稳健性提供了有力的支持,增强了理论模型的可信性,同时说明总体上环境质量外部性对经济的影响是较弱的,这也与现实经济的情况相一致。

(4) 金融摩擦参数(信贷约束参数 λ 和存贷利差参数 ξ)变化的影响。图 4.6 和图 4.7 分别给出信贷约束参数 λ 和存贷利差参数 ξ 不同取值下环境规制变化对 TFP 和总产出的影响。

一是参数 λ 从信贷约束角度较好地刻画了金融摩擦的影响。由(4.6)式和(4.8)式可知,λ 的大小决定了企业家的信贷规模——其越大,意味着金融体系越完善,信贷受限企业家的数量就越少,能够实现最优资本投入

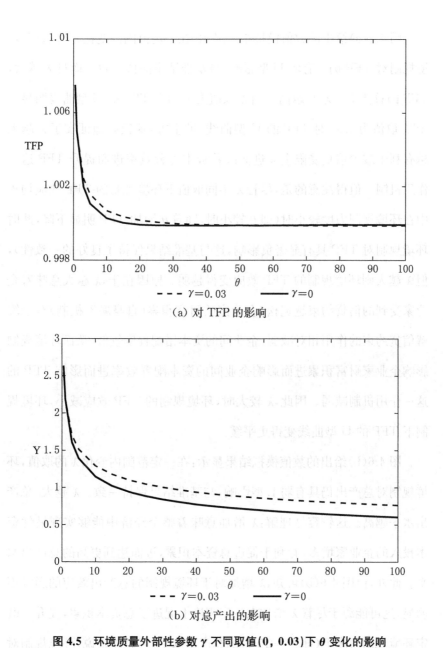

（a）对 TFP 的影响

（b）对总产出的影响

图 4.5　环境质量外部性参数 γ 不同取值(0，0.03)下 θ 变化的影响

的企业家数量就越多，越有利于提高资本配置效率和增加企业家的财富
积累，进而提高整个经济的 TFP 和总产出水平。

图 4.6(a)给出的数值模拟结果显示:在一定范围内变化 λ 的取值,环境规制对 TFP 仍具有弱 U 型影响,与基准结果保持一致。而且 λ 越大,TFP 的总体平均水平越高。当 λ 取值为 1.5 时,TFP 的 U 型曲线明显处于"λ 取值为 1.05 时 TFP 的 U 型曲线"的上方,这很好地证实了 λ 越大越有利于减少信贷受限企业进而改善资本配置效率进而提升 TFP 这一作用机制。值得注意的是,尽管 λ 不同取值下环境规制的 TFP 效应均集中在环境规制力度较小时(即 θ 较小时,随着 θ 增加 TFP 明显下降,此时环境规制对 TFP 具有显著负影响,这与基准结果保持了良好的一致性),但 λ 越大则环境规制的 TFP 效应变得越弱。原因在于,λ 越大意味着企业家受到的信贷约束越宽松,企业家的财富积累(自身融资机制)对于缓解信贷约束的作用相对减弱,企业间的资本错配程度较低,从而环境规制影响企业家财富积累进而影响企业间的资本配置效率进而影响 TFP 的这一作用机制减弱。因此,λ 较大时,环境规制的 TFP 效应减小,环境规制下 TFP 的 U 型曲线变得更平缓。

图 4.6(b)给出的数值模拟结果显示:在一定范围内变化 λ 的取值,环境规制对总产出仍具有弱 L 型影响,与基准结果保持一致。λ 越大,总产出水平越高。这较容易理解:λ 增加意味着整个经济中能够实现最优资本投入的企业家增多,有利于促进总资本积累,进而达到更高的总产出水平。此外,由图 4.6(b)可知,λ 增加对于环境规制的总产出效应的影响不明显,这可能源于尽管 λ 增加在一定程度上促进了总资本积累,提升了既定环境规制力度下(即 θ 一定时)的总产出水平,但总体来说,环境规制对总产出依然具有较强的负影响。以上分析得出的结论是:当企业家受到的信贷约束放缓(即 λ 增加),有利于提高整个经济的 TFP 和总产出水

平,环境规制的 TFP 效应减弱,环境规制的总产出效应则无明显变化。

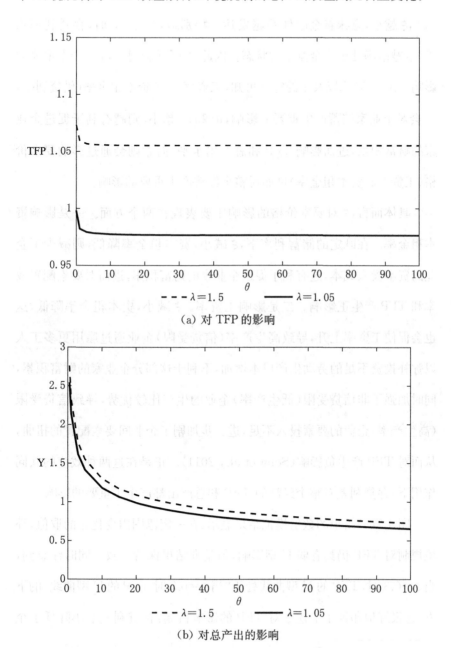

（a）对 TFP 的影响

（b）对总产出的影响

图 4.6　信贷约束参数 λ 不同取值(1.05, 1.5)下 θ 变化的影响

二是参数 ξ 从存贷利差角度刻画了金融摩擦的影响。由前文可知[1]，ξ 越小，意味着金融体系越发达。特别地，当 $\xi=0$ 时，存贷利率相等，金融市场处于完全竞争的状态。因此，ξ 同样会对经济会产生重要的影响。由（4.5）式以及 ξ 的定义可知，工资率 w 和资本租金率（借贷利率）r^l 会对企业家储蓄产生重要的影响，w 和 r^l 越小，则越有利于促进企业家的财富积累，进而影响 TFP 和总产出水平，而 ξ 则会通过影响要素价格（工资率和资本租金率）进而对整个经济产生重要的影响。

具体而言，ξ 对要素价格的影响主要表现在两个方面。一是影响资本租金率。在既定的储蓄利率下，ξ 减小，资本租金率降低，则减少了企业的资本投入成本，这有利于促进企业家的财富积累，进而对要素配置效率和 TFP 产生正影响。二是影响工资率。ξ 减小，资本租金率降低，这也会促使工资率上升，导致高生产率（信贷受限）企业通过雇用更多工人以弥补投资不足的劳动生产成本增加，不利于这部分企业家的财富积累，同时加强了非信贷受限（低生产率）企业的生产比较优势，导致信贷受限（高生产率）企业的要素投入不足，进一步加剧了企业间要素配置的扭曲，从而对 TFP 产生负影响（Song et al.，2011）。正是在这两种效应的共同作用下，存贷利差对整个经济的 TFP 和总产出都产生了重要的影响。

图 4.7(a) 给出的数值模拟结果显示：在一定范围内变化 ξ 的取值，环境规制对 TFP 仍具有弱 U 型影响，与基准结果保持一致。同时注意到，当 $\xi=0.3$ 时，TFP 的 U 型曲线处于"当 $\xi=0.5$ 时 TFP 的 U 型曲线"的下方，这很好地印证了上述 ξ 对 TFP 的影响机制：存贷利差缩小降低了企

---

[1] $r^l_t = r^d_t/(1-\xi)$，r^l_t 和 r^d_t 分别为资本租金率（借贷利率）和资产利息率（储蓄利率）。

业间的要素配置效率,不利于 TFP 的提升,与 Song 等(2011)的结论保持良好的一致性。此外,数值模拟的结果还显示,ξ 从 0.5 减小至 0.3,环境规制的 TFP 效应仅减小约 0.1 个百分点(几乎没有发生变化),这说明在一定范围内 ξ 变化对环境规制的 TFP 效应影响较弱,这可能源于 ξ 变化对 TFP 产生的正负两种效应共同作用的结果。

图 4.7(b)数值模拟的结果显示,在一定范围内 ξ 变化环境规制对总产出仍具有弱 L 型影响,具有良好的稳健性。此外,图中显示 ξ 不同取值下总产出的 L 型曲线几乎重叠,这意味着存贷利差变化对于总产出以及环境规制的总产出效应的影响较小。这也较容易理解:由上述的机制分析可知,存贷利差本质上是通过影响要素配置效率来影响 TFP 的,因此,存贷利差变化对 TFP 具有更为直接的影响,而对总产出的影响则较弱。以上分析得出的结论是:存贷利差会通过影响要素配置效率进而影响 TFP;对于一个普遍存在信贷受限企业的经济体而言,存贷利差缩小可能反而不利于整个经济 TFP 的提升,但这种负影响较弱。与此同时,存贷利差变化对总产出的影响较弱。

(5)强度标准参数 β 变化的影响。由前文分析可知,β 刻画了环保技术标准,倾向于捕捉的是内涵式政策,其决定了污染排放的投入水平。因此,β 变化会对经济产生重要的影响:由(4.4)式可知,β 越小,表明环保技术标准越严格,污染排放约束收紧,同时意味着 k_{it} 关于 m_{it} 的边际增量增加,[①]因而扩大了 k_{it} 和 m_{it} 两种要素的替代效应,进而企业对物质资本投入的需求增加[见(4.8)式],但由于信贷约束的限制,一部分企业将由非

---

① 根据污染排放约束可得,$k_{it}=(m_{it}\theta_t)^{1/\beta}$,则有 $\partial k_{it}/\partial m_{it}=(m_{it}^{1-\beta}\theta_t)^{1/\beta}/\beta>0$。

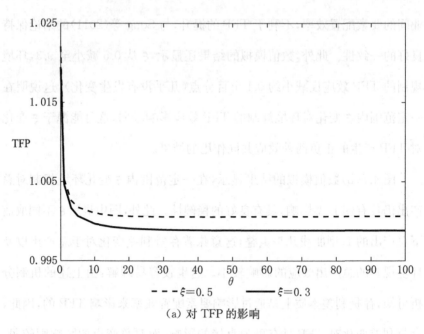

（a）对 TFP 的影响

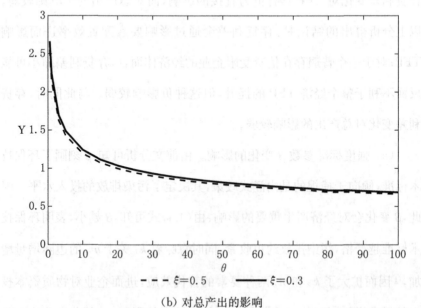

（b）对总产出的影响

图 4.7　存贷利差参数 ξ 不同取值(0.3，0.5)下 θ 变化的影响

信贷受限企业转换为信贷受限企业,这是因为:β 减小对企业家财富积累

[见(4.5)式]直接影响相对较小——β 减小,虽然增加了物质资本投入需

求,但同时也减少了物质资本产出弹性$[\alpha\upsilon+\beta(1-\upsilon)]$,因此对企业产出

的影响不确定;此外,β 减小,还会直接影响企业的(资本和劳动)要素需

求与供给,进而影响(资本和劳动)要素价格。因此,β 减小会导致信贷受

限企业的数量增加,从而会加剧 TFP 的损失。

　　图 4.8(a)给出数值模拟的结果显示:在一定范围内变化 β 的取值,

环境规制对 TFP 仍具有弱 U 型影响,与基准结论保持了良好的一致性,

同时模拟结果也很好地验证了上述机制(即 β 越小,TFP 损失越大:$\beta=$

0.005 时,TFP 的 U 型曲线处于"$\beta=0.25$ 时 TFP 的 U 型曲线"的下方)。

图 4.8(b)给出数值模拟的结果显示:在一定范围内变化 β 的取值,环境规

制对总产出仍具有弱 L 型影响,与基准结论保持了良好的一致性。此外,

模拟结果还显示,$\beta=0.005$ 时,总产出的 L 型曲线略处于"$\beta=0.25$ 时总

产出的 L 型曲线"的下方,且两条曲线的尾端几乎重叠。这说明 β 减小对

总产出具有较弱的负影响,且随着环境规制力度加大,β 变化对总产出的

影响变得更弱,这与上述机制分析(即 β 减小对企业产出的影响不确定)

保持了良好的一致性。

　　根据前文分析,已有研究普遍采用污染排放强度标准来刻画环境规

制政策,即对企业的污染排放与资本(或劳动,或产出)的比值(即污染排

放强度)施加一定限制。为了进一步考察污染排放强度标准政策的影响,

本书借鉴 Tombe 和 Winter(2015)的做法,考虑 $\beta=1$ 的情形(本质上是本

书污染排放约束设定的一种特例),此时污染排放强度标准为 $m_{it}/k_{it}=$

$1/\theta_t$,污染排放约束则变为 $m_{it}=k_{it}/\theta_t$。

  图4.8 给出 $\beta=1$ 的情形下,环境规制力度变化对 TFP 和总产出的影响,数值模拟的结果显示:当 $\beta=1$ 时,环境规制对 TFP 和总产出分别具有负影响和弱 L 型影响,且均处于 $\beta=0.005$ 和 $\beta=0.25$ 时曲线的上方,这意味着 β 增加有利于提升整个经济的 TFP 和总产出水平,这与前文 β 变化对经济影响的机制分析保持一致。但值得注意的是:当 $\beta=1$ 时,环境规制的 TFP 效应和总产出效应发生了较大变化——与 $\beta<1$ 时的情形有所不同,当 $\beta=1$ 时,随着环境规制力度加强,TFP 的变化趋势不再表现出弱 U 型特征,而是呈现单调递减的趋势;环境规制对总产出的负影响也更凸出($\beta=1$ 时,总产出的 L 型曲线变得更加陡峭)。这与 Tombe 和 Winter(2015)的结论较为一致:相对于内涵式规制政策(即 $\beta<1$ 的情形),采用强度标准的环境规制政策会增加企业的污染排放(原因在于:当 $\beta=1$ 时,污染排放约束放松,同时 k_{it} 关于 m_{it} 的边际增量减少,两种要素的替代效应减弱),关于污染排放的边际产出增加,而环境的公共池资源特性会加剧企业对污染排放的依赖性,并以此提高产出。随着环境规制力度不断加强,污染排放约束收紧,从而对企业产出产生更为直接的负影响(尽管此时环境质量的改善对企业产出也具有正影响),进而不利于企业家自身财富积累,无法缓解信贷约束带来的 TFP 损失。以上分析表明:较宽松的环保技术标准(即 β 增加)有利于提升 TFP 和总产出水平,同时增强了环境规制对整个经济(TFP 和总产出)的负影响程度。然而,这种以更多污染排放换取经济增长的模式显然是不可持续的。

  (6)企业家生产率分布参数 ε 和 σ 变化的影响。根据前文设定,企业家生产率为随机的,其具体形式为:

$$\mathrm{d}\log z_{it}=-\varepsilon\log z_{it}\mathrm{d}t+\sigma\mathrm{dW}$$

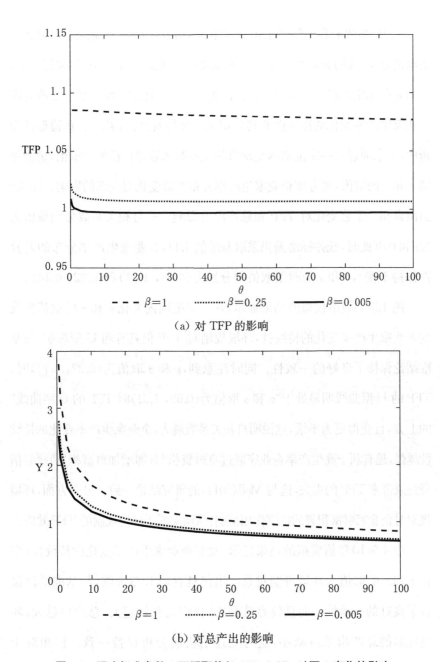

（a）对 TFP 的影响

（b）对总产出的影响

图 4.8　强度标准参数 **β** 不同取值(0.005，0.25，1)下 **θ** 变化的影响

　　其中,参数 ε 和 σ 刻画了企业家生产率的异质性。自相关系数越大,ε 的取值越小,说明企业生产率变化越持续;残差标准差越大,σ 的取值越大,说明企业家生产率分布差异越大(详见前文)。[1]因此,为了更直观地刻画企业家生产率变化的持续性及其分布的差异性对经济的影响,在稳健性分析中,本书通过在一定范围内变动自相关系数和残差标准差的取值(进而变动 ε 和 σ 的取值)来考察企业家生产率分布参数变化对经济的影响。图 4.9 给出自相关系数变化对 TFP 和总产出的影响——自相关系数分别取值为 0.5 和 0.8(此时,残差标准差仍采取基准值 1.11,企业家生产率分布的差异性保持不变),ε 和 σ 的两组取值则分别为(0.69,1.31)和(0.22,0.74)。

　　图 4.9(a)数值模拟的结果显示:在一定范围内变化 ε 和 σ 的取值来改变企业家生产率变化的持续性,环境规制对 TFP 仍具有弱 U 型影响,与基准结论保持了良好的一致性。同时注意到,ε 和 σ 取值为(0.22,0.74)时,TFP 的 U 型曲线明显处于"ε 和 σ 取值为(0.69,1.31)时 TFP 的 U 型曲线"的上方,且变得更为平缓,这说明自相关系数越大,企业家生产率变化的持续性越强,越有利于高生产率企业家通过自融资机制(即增加财富积累)缓解信贷约束带来 TFP 的损失,这与 Moll(2014)的研究结论一致。另一方面,环境规制对企业家财富积累的抑制作用减弱,从而降低了环境规制的 TFP 效应。

　　图 4.9(b)数值模拟的结果显示:改变企业家生产率变化的持续性(变化 ε 和 σ 的取值),环境规制对总产出仍具有弱 L 型影响,与基准结论保持了良好的一致性。而且较容易看出,自相关系数越大,总产出越大,环境规制的总产出效应减小,这与上述的机制分析保持一致。但相对于

---

[1]　由前文可知,本书以 1998—2007 年我国规模以上工业企业对数 TFP 离散 AR(1)过程的自相关系数($e^{-\varepsilon}$)和残差标准差($\sigma^2/(2\varepsilon)$)作为 ε 和 σ 的赋值依据。

TFP 而言,企业家生产率变化的持续性对总产出的影响较弱。

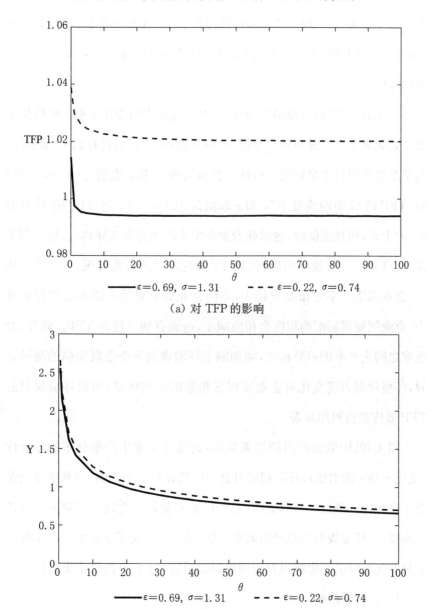

（a）对 TFP 的影响

（b）对总产出的影响

**图 4.9 企业家生产率分布参数 ε 和 σ 不同取值(0.22, 0.74)
和(0.69, 1.31)下 θ 变化的影响**

图 4.10 给出残差标准差变化对 TFP 和总产出的影响——残差标准差分别取值为 0.75 和 1.25(此时,自相关系数仍采取基准值 0.61,企业家生产率变化的持续性保持不变),ε 和 σ 的两组取值则分别为(0.49,0.75)和(0.49,1.24)。

图 4.10(a)数值模拟的结果显示:在一定范围内变化 ε 和 σ 的取值来改变企业家生产率分布的差异性,环境规制对 TFP 仍具有弱 U 型影响,与基准结论保持了良好的一致性。容易发现,ε 和 σ 取值为(0.49,1.24)时,TFP 的 U 型曲线处于"ε 和 σ 取值为(0.49,0.75)时 TFP 的 U 型曲线"的上方,而且更陡峭,这意味着企业家生产率分布差异越大,越有利于提升 TFP 以及增强环境规制的 TFP 效应。原因也很直观:一个经济体中,企业家生产率分布差异越大,不同企业对要素投入需求的差异就越大,企业间要素错配的程度会相应减小,进而有利于提升 TFP。此外,企业家之间生产率的差异越大,越加剧了环境规制下企业家面临的激励差异,环境规制力度变化对企业家财富积累的影响增强,因而环境规制的 TFP 效应变得更加显著。

图 4.10(b)数值模拟的结果显示:改变企业家生产率分布的差异性(变化 ε 和 σ 的取值),环境规制对总产出具有弱 L 型影响,与基准结论保持了良好的一致性。同时表明,总产出随着企业家之间生产率的差异扩大而提高,环境规制的总产出效应增加,进一步证实了企业家生产率分布差异变化对经济的影响以及作用机制(与其影响 TFP 的结论类似)。

(二) 模型拓展

(1) 引入固定成本(fixed costs)。本书基准模型侧重考虑了环境规制最直接的效应——限制环境要素的投入(即减少污染排放)。而在现实

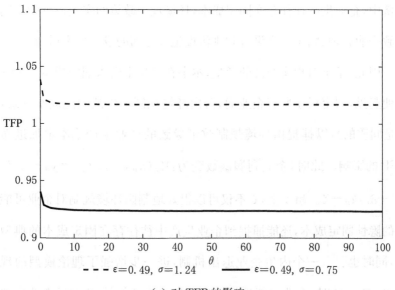

（a）对 TFP 的影响

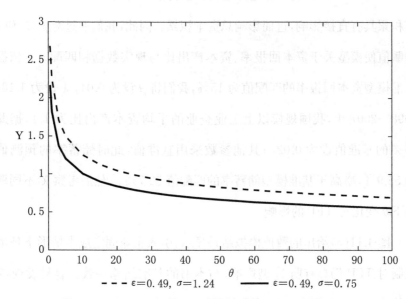

（b）对总产出的影响

**图 4.10　企业家生产率分布参数 ε 和 σ 不同取值(0.49, 0.75)
和(0.49, 1.24)下 θ 变化的影响**

经济中,企业生产往往存在固定成本,环境规制政策的实施还可能会间接导致企业管理、固定生产设备和排污设施等方面的投入成本增加。

因此,基于对现实经济的考量,本书在模型中引入固定成本 $\chi \geqslant 0$(为简便起见,假定对于所有企业而言,由环境规制产生的固定成本一致,即 χ 是同质的),以捕捉由环境规制政策导致的企业生产成本增加进而对 TFP 的影响。此时,企业利润函数变为:$\Pi_{it}(a_{it}, z_{it}, \theta_t) = y_{it} - w_t l_{it} - (r_t^l + \delta_t) k_{it} - \chi$。事实上,$\chi$ 不仅可以很好地刻画环境规制对企业可能产生的隐性固定成本,还能捕捉到企业生产中往往存在固定成本的典型事实,同时也引入一个内生企业退出机制,进一步增强了理论模型的现实性:当 $\Pi_{it} < 0$ 时,企业只能选择退出。值得注意的是:χ 对于企业家的财富积累具有直接影响,进而影响总资本积累。因此,我们通过对 β、λ 和 χ 的赋值使模型关于资本回报率、资本产出比与现实数据相匹配——依据基准模型资本回报率的匹配值为 15%,我们将 β 设为 0.04,λ 设为 1.18;1998—2007 年,我国规模以上工业企业的平均资本产出比为 1.1,据此将 χ 的基准值设为 0.025;其他参数采用基准值,此时储蓄率的预测值为 55.9%,略高于基准模型储蓄率的匹配值 52.7%。[①]然后考察 χ 不同取值下 θ 变化对 TFP 的影响。

图 4.11(a)给出的数值模拟结果显示:引入企业固定成本情形下环境规制对 TFP 仍具有弱 U 型影响,与本书的基准结论一致。容易发现,χ 取值为 0.04 时,TFP 的 U 型曲线处于"χ 取值为 0.025 时 TFP 的 U 型曲线"的下方,这说明 χ 越大,TFP 总体水平越小。原因比较直观:χ 增加

---

① 此时,企业退出率为 2.5%,且随着 θ 的增加而增加。

直接减少了企业家的财富积累,融资约束收紧,进而导致 TFP 损失变大。
图 4.11(b)给出的数值模拟结果显示:引入企业固定成本情形下环境规制

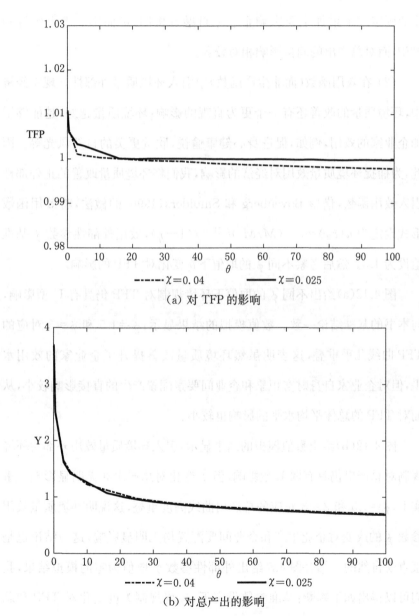

(a) 对 TFP 的影响

(b) 对总产出的影响

图 4.11 固定成本 χ 不同取值(0.025, 0.04)下 θ 变化的影响

对总产出仍具有弱 L 型影响,且 χ 变化对总产出以及环境规制的总产出效应的影响不明显[图 4.11(b)给出的两条总产出曲线基本重叠],这说明企业固定成本增加主要影响企业家自融资机制,进而影响整个经济的 TFP,而对总产出的间接影响相对较弱。

(2) 在效用函数(而非生产函数)中引入环境质量外部性。现实经济中,环境质量的改善还有一个更为直观的影响:环境质量越好,越能够增加企业家的效用,例如,促进身心健康愉悦,欣赏更美的自然风光等。因此,为捕捉环境质量效用对经济的影响,我们将环境质量改善的正外部性引入效用函数,借鉴 Bovenberg 和 Smulders(1996)的做法,将效用函数形式设定为 $u(c_{it}) = [c_{it}(\bar{M}/M_t)^{\phi}]^{1-\eta}/(1-\eta)$,效用外部性参数 ϕ 基准值设为 1.5。然后考察不同 ϕ 的取值下 θ 变化对 TFP 的影响。

图 4.12(a)给出不同 ϕ 的取值下环境规制对 TFP 仍具有 U 型影响,与本书的基准结论一致。数值模拟的结果显示:$\phi = 1.5$ 和 $\phi = 3$ 对应的 TFP 曲线几乎重叠,这表明虽然环境质量改善提升了企业家的效用水平,但对企业家自身财富积累和企业间要素配置产生的直接影响较小,从而对 TFP 的总体平均水平的影响也较小。

图 4.12(b)给出数值模拟的结果显示:引入环境质量效用外部性环境规制对总产出仍具有弱 L 型影响,但 ϕ 变化对总产出亦无明显影响。事实上,$\phi = 1.5$ 和 $\phi = 3$ 对应的总产出曲线高度重叠,这说明环境质量效用参数 ϕ 的改变对企业生产和企业间要配置均无明显影响,这一结论也是很直观自然的。结合图 4.5 给出外部性参数 γ 取值为零的模拟结果,我们可以得出如下判断:基准参数设定下,环境规制力度变化对 TFP 和总产出分别具有弱 U 型和弱 L 型影响的结论,不随环境质量外部性的设定

形式而改变(无论是进入效用函数还是进入生产函数),因而具有良好的
稳健性。

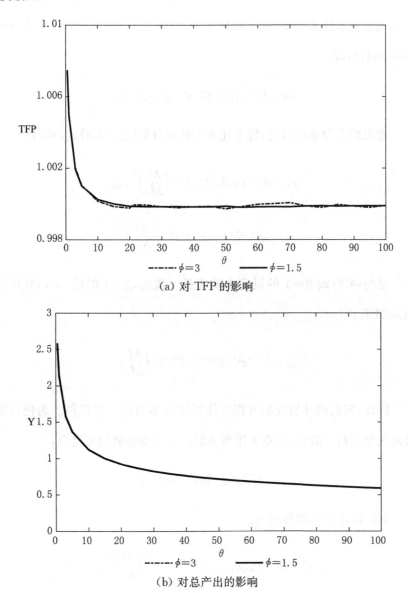

(a) 对 TFP 的影响

(b) 对总产出的影响

注:图 4.12(b)中的两条曲线重叠。

图 4.12 环境质量效用参数 φ 不同取值(1.5, 3)下 θ 变化的影响

（3）改变环境规制政策设定。已有文献采用强度标准的环境规制政策——对企业的污染排放劳动比或污染排放产出比进行限制，但他们未考虑物质资本投入（Tombe and Winter，2015；Li and Sun，2015；Li and Shi，2017），即

$$m_{it}/l_{it} \leqslant 1/\theta_t \text{ 或 } m_{it}/y_{it} \leqslant 1/\theta_t$$

考虑约束为紧的情况，将上述两个约束分别代入（4.3）式，可得：

$$y_{it} = \theta_t^{\upsilon-1}(z_{it}k_{it})^{\alpha\upsilon}l_{it}^{1-\alpha\upsilon}\left(\frac{\bar{M}}{M_t}\right)^{\gamma}, \text{或}$$

$$y_{it} = \theta_t^{(\upsilon-1)/\upsilon}(z_{it}k_{it})^{\alpha}l_{it}^{1-\alpha}\left(\frac{\bar{M}}{M_t}\right)^{\frac{\gamma}{\upsilon}}$$

这与（4.4）式 $\beta=1$ 的设定本质上是一致的，$\beta=1$ 时将（4.4）式代入（4.3）式有：

$$y_{it} = \theta_t^{\upsilon-1}z_{it}^{\alpha\upsilon}k_{it}^{1-(1-\alpha)\upsilon}l_{it}^{(1-\alpha)\upsilon}\left(\frac{\bar{M}}{M_t}\right)^{\gamma}$$

因此，它们的环境规制方程大体可视为本书的一种特例。为使污染排放约束更具一般性，这里采用两种形式的污染排放约束设定：

$$m_{it} \leqslant l_{it}^{\beta}/\theta_t \text{ 和 } m_{it} \leqslant y_{it}^{\beta}/\theta_t$$

对应的企业产出分别为：

$$y_{it} = \theta_t^{\upsilon-1}(z_{it}k_{it})^{\alpha\upsilon}l_{it}^{(1-\alpha)\upsilon+\beta(1-\upsilon)}\left(\frac{\bar{M}}{M_t}\right)^{\gamma},$$

$$y_{it} = \left[\theta_t^{\upsilon-1}(z_{it}k_{it})^{\alpha\upsilon}l_{it}^{(1-\alpha)\upsilon}\left(\frac{\bar{M}}{M_t}\right)^{\gamma}\right]^{\frac{1}{1-\beta(1-\upsilon)}}$$

图 4.13 和图 4.14 分别给出两种规制政策设定下 θ 变化对 TFP 和总产出的影响。

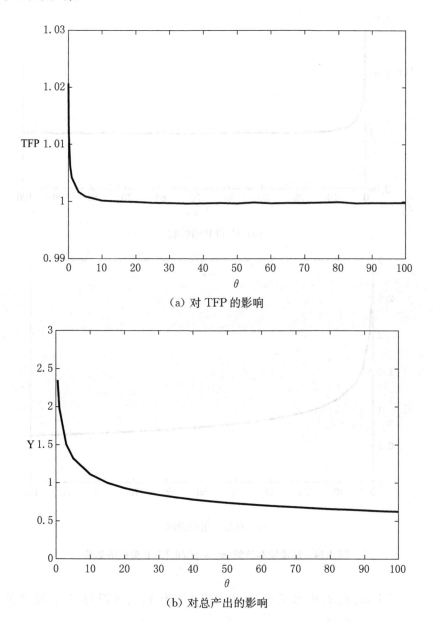

（a）对 TFP 的影响

（b）对总产出的影响

图 4.13　环境规制政策$(m_{it} \leqslant l_{it}^{\beta}/\theta_t)$下 θ 变化的影响

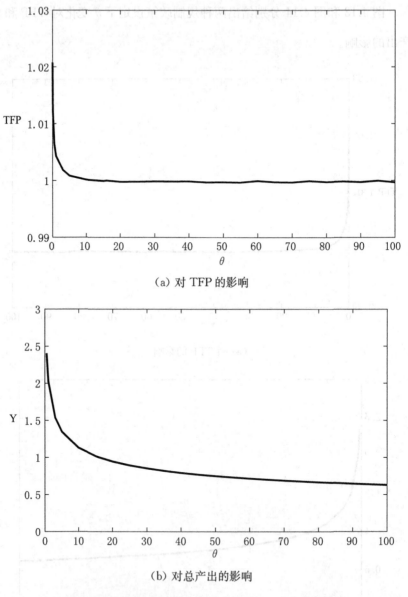

（a）对 TFP 的影响

（b）对总产出的影响

图 4.14 环境规制政策$(m_{it} \leqslant y_{it}^{\beta}/\theta_t)$下 θ 变化的影响

对于 $m_{it} \leqslant l_{it}^{\beta}/\theta_t$ 政策设定,我们将 β 设为 0.04,θ 设为 15,使模型关于资本回报率和储蓄率的预测值与现实数据匹配(即分别为 15% 和

53%),其他参数采用基准值。图 4.13 给出的数值模拟结果显示:$m_{it} \leqslant l_{it}^{\beta}/\theta_t$ 政策下,环境规制对 TFP 和总产出分别具有弱 U 型和弱 L 型影响,与基准结论一致。

对于 $m_{it} \leqslant y_{it}^{\beta}/\theta_t$ 政策设定,我们将 β 设为 0.04,θ 设为 16,使模型关于资本回报率和储蓄率的预测值与现实数据匹配(即分别为 15% 和 52.7%),其他参数采用基准值。图 4.14 给出的数值模拟结果也得到类似结论,进一步增强了基准结论的可信性。

第二节 经验证据

一、政策背景、计量策略及数据

(一) 两步双重差分策略

鉴于国家环境保护重点城市政策具有较典型的拟自然实验性质,本书利用双重差分法识别其对地级市 TFP 的因果性影响。但这一政策并非随机的,环境保护重点城市与其他地级市的 TFP 增长率可能在政策实施前就存在差异(即不满足平行趋势条件,后文实证检验证实了这一点),标准(一步)双重差分法可能因内生性选择问题而存在估计偏差。为解决这一问题,本书借鉴 Greenstone 和 Hanna(2014)的做法,采用两步双重差分策略。[1]

---

① 两步双重差分方法也可较好地解决潜在非观测因素的组内相关(即影响 TFP 增长率的潜在非观测因素在政策实施前后各年可能存在的相关性)导致的估计偏差问题(Greenstone and Hanna, 2014)。

第一步:事件分析(event study)。特别地,本书采用如下事件分析方程:

$$Y_{it} = \alpha + \sum_p \sigma_p D_{pit} + \gamma X_{it} + \mu_t + \eta_i + \varepsilon_{it} \qquad (4.20)$$

其中,i 和 t 分别表示地级市和年份,Y_{it} 为地级市 TFP 增长率。本书也考虑将企业 TFP 增长率和要素配置效率作为被解释变量,以检验环境规制的微观作用机理。D_{pit} 为一组事件窗口哑变量($p \in [-15, 9]$):就处置组(环境保护重点城市)而言,政策实施前或后第 $|p|$ 年取值为 1,否则为 0;对照组(其他地级市)均取值为 0。①σ_p 捕捉了政策实施前或后第 $|p|$ 年处置组与对照组的 TFP 增长率差异,识别了环境保护重点城市政策的年度效应(可用于检验是否满足平行趋势条件,为第二步回归方程的选取提供经验依据)。X_{it} 为控制变量,包括人口密度和人均实际地区生产总值(均取自然对数),用以控制地级市人口和经济发展水平的影响。μ_t 为年份固定效应,用以控制随时间变化的共同冲击的影响;η_i 为地级市固定效应,用以控制不随时间变化的地级市个体特征的影响;ε_{it} 为随机扰动项。为避免城市规模对估计精度的影响,本书以地级市人口规模为权重对回归方程作加权处理。

第二步:识别政策效应。本书以第一步回归得到的 σ_p 的估计值 $\hat{\sigma}_p$ 为被解释变量,利用如下方程识别环境保护重点城市政策的 TFP 效应:

$$\hat{\sigma}_p = \beta_0 + \beta_1 Epl_p + \varepsilon_p \qquad (4.21)$$

① 事件窗口 p 的范围选取($p<0$ 为政策实施前,$p>0$ 为政策实施后,$p=0$ 为实施当年)涉及两种考虑的权衡:较大范围意味较大的样本量,可提升第二步回归的精准性;较小范围则可使事件分析集中在较小的政策时间窗口内,有利于避免其他非观测因素的潜在影响,提升第一步回归的精准性。这里选取样本期为 1988—2014 年,p 的最大范围为 $[-15, 22]$。为使 2004 年纳入环境保护重点城市的处置组尽可能多的样本(2004 年为政策扩围最后一年),将 p 范围设为 $[-15, 9]$,以较好兼顾上述两种考虑。后文稳健性检验表明:在 p 范围较合理的设定下,结论稳健。

其中,Epl_p 为政策实施哑变量,即政策实施当年及之后年份($p \geqslant 0$)取值为 1,否则为 0。故 β_1 识别了政策引致的处置组(相较于对照组)TFP 增长率的均值漂移(mean shift)程度(即平均处置效应)。ε_p 为随机扰动项。虽然第一步回归控制了时间固定效应,但(4.21)式仍可能无法完全控制处置组与对照组事前 TFP 增长率趋势差异的影响。为此,本书引入事件窗口时间趋势项,则有:

$$\hat{\sigma}_p = \beta_0 + \beta_1 Epl_p + \beta_2 p + \varepsilon_p \tag{4.22}$$

而且,考虑到政策影响往往具有时滞性和持续性(如企业需要时间来调整生产经营策略以应对政策变化),本书也尝试引入政策实施哑变量与事件窗口时间趋势哑变量的交互项,即有:

$$\hat{\sigma}_p = \beta_0 + \beta_1 Epl_p + \beta_2 p + \beta_3 (Epl_p \times p) + \varepsilon_p \tag{4.23}$$

其中,$\beta_1 + \beta_3 \times p$ 捕捉了政策实施 p 年后的累积影响——这里重点关注政策实施 5 年后($p = 5$)的影响(即 $\beta_1 + 5\beta_3$),以识别较长时期的政策累积效应。

最后,为避免 σ_p 估计误差的影响,本书以 $\hat{\sigma}_p$ 的标准误的倒数为权重,对上述第二步回归方程(4.21)—(4.23)作加权处理。实证分析也给出拓展一步双重差分法的回归结果,以便于比较。[①]

---

① 与第二步回归方程(4.21)—(4.23)对应的拓展一步双重差分回归方程(均以地级市人口规模为权重作加权处理)分别为:

$Y_{it} = \alpha + \theta_1 Er_p + \theta_2 (Epl_p \times Er_p) + \theta_3 Ed_p + \theta_4 Ef_p + \gamma X_{it} + \mu_t + \eta_i + \varepsilon_{it}$;

$Y_{it} = \alpha + \theta_1 Er_p + \theta_2 (Epl_p \times Er_p) + \theta_3 (Er_p \times p) + \theta_4 Ed_p + \theta_5 Ef_p + \gamma X_{it} + \mu_t + \eta_i + \varepsilon_{it}$;

$Y_{it} = \alpha + \theta_1 Er_p + \theta_2 (Epl_p \times Er_p) + \theta_3 (Er_p \times p) + \theta_4 (Epl_p \times p \times Er_p) + \theta_5 Ed_p + \theta_6 Ef_p + \gamma X_{it} + \mu_t + \eta_i + \varepsilon_{it}$。

其中,Er_p($-15 < p < 9$ 时,取值为 1,否则为 0)、Ed_p($p < -15$ 时,取值为 1,否则为 0)和 Ef_p($p > 9$ 时,取值为 1,否则为 0)为三个事件窗口哑变量,引入它们是为确保上述方程与方程(4.21)—(4.23)的回归结果具有良好可比性。

(二) 数据

本节使用的是地级市市辖区数据和规模以上工业企业调查数据。地级市市辖区数据来自历年的《中国城市统计年鉴》《中国统计年鉴》和各省统计年鉴。之所以使用市辖区数据,是因为国家环境保护重点城市政策主要是针对市辖区的环境质量进行考核。本节的样本期为 1988—2014 年。[①]为能较好地进行平行趋势检验,我们剔除了 1989 年纳入环境保护重点城市的 32 个城市(包括北京、天津和上海 3 个直辖市和省会城市等),这也可避免样本城市在可比性上存在的问题(直辖市和省会城市较一般地级市而言具有更高的行政级别)。我们也剔除了重庆市(1992 年为环境保护重点城市,1997 年为直辖市),以及样本期内发生过行政区划变动和数据缺失严重的地级市。最终使用的样本包含 257 个地级市(处置组城市在 1992 年为 4 个,1996 年为 13 个,2003 年为 14 个,2004 年为 80 个)。

工业企业数据来自 1998—2007 年国家统计局规模以上工业企业调查数据库,该数据库提供了全部国有工业企业和规模以上(年销售额在

---

① 由于缺少更早年份的地级市市辖区数据,本书样本初始年为 1988 年。选择 2014 年作为样本终止年,主要基于如下三点原因:一是 2014 年以后,地级市市辖区区划变动较频繁(例如,2015 年发生区划变动的市辖区有 22 个,2016 年有 28 个),若要包含 2014 年以后的样本,需要剔除这些发生过区划变动的市辖区样本以确保数据的可比性,这将导致样本量损失很大(这里已经剔除了 1988—2014 年发生过区划变动的市辖区,业已损失了较多的样本量);二是 2014 年以后,一些重要指标的数据缺失问题较严重(例如,《中国城市统计年鉴》2016 年及以后不再公布市辖区人口密度数据,2017 年及以后不再公布固定资产投资数据等);三是党的十八大以来,中央对生态环境保护的规制趋于严格;尤其是经过酝酿论证,在 2014 年以后,新环境保护政策出台频率大大加快(何劭玥,2017)——例如,中共中央和国务院颁布的《关于加快推进生态文明建设的意见》(2015 年 5 月)、《生态文明体制改革总体方案》(2015 年 9 月)和《党政领导干部生态环境损害责任追究办法(试行)》(2015 年 8 月)以及国务院颁布的《关于加强环境监管执法的通知》(2014 年 12 月)、《生态环境监测网络建设方案》(2015 年 8 月)等。这会对识别国家环境保护重点城市政策的因果性影响造成较大干扰,导致估计结果偏差。

500 万元以上)非国有工业企业的详细信息。本节将制造业企业作为考察对象,剔除了矿产采选、石油和水电煤气生产供应等行业;根据企业代码、名称、所在地、法人代表和邮政编码等信息对样本企业进行匹配,剔除(关键变量缺失,企业代码缺失、无法唯一识别、建立时间无效,总资产小于流动资产、固定资产或固定资产净值等)的企业样本(Cai and Liu,2009;杨汝岱,2015)。由企业所在地,识别出样本地级市(市辖区)内的工业企业,得到 1998—2007 年企业面板数据(共有 95 777 家企业和325 469 个观测值)。

(三) TFP 测算

本节的核心被解释变量为地级市(市辖区)TFP 增长率。本书利用索罗残差法和如下生产函数估算:$Y_{it} = Z_{it}K_{it}^{\mu}(h_{it}L_{it})^{\eta}$;$Y_{it}$ 为地区生产总值,Z_{it} 为 TFP,K_{it}、L_{it} 和 h_{it} 分别为物质资本存量、劳动力和人力资本,μ 和 η 为物质资本和劳动的产出弹性。[①]由于缺少地级市地区生产总值平减指数,本节利用省份地区生产总值平减指数将地级市地区生产总值折

---

① 前文理论框架给出的总量生产函数(4.14)式可化为:$Y = \theta^{\upsilon-1-\gamma}ZK^{\alpha r+\beta(1-\upsilon)}\left[\int k^{\beta}dG(a, z)\right]^{-\gamma}L^{(1-\alpha)\upsilon}\overline{M}^{\gamma}$,其本质上仍是关于物质资本和劳动的函数。为了与理论模型保持逻辑一致性,我们在估算地级市市辖区 TFP 时采用了标准生产函数(但引入人力资本),且未限定规模收益不变(即未限定 $\mu+\eta=1$)。回归中利用地级市固定效应来控制 $\overline{M}^{\gamma}$ 的影响(地区可承受的最大污染排放量 $\overline{M}$ 即环境承载能力在较长时期内相对稳定,可视为地级市的一种个体特征),也控制了时间固定效应,得到 μ 和 η 为 0.44 和 0.40。本节也尝试采用工具变量法(以滞后 2 或 3 期的物质资本和劳动为工具变量)以及采用 10% 的折旧率,结果稳健。目前,一些研究基于污染排放数据,利用 SBM 模型和 ML 指数等方法,测算了中国绿色 TFP(陈诗一,2010;李玲和陶锋,2012;王兵和刘光天,2015;陈超凡,2016;李鹏升和陈艳莹,2019;戴魁早和骆莙函,2022;何凌云和祁晓凤,2022)。本节使用的是 1988—2014 年的地级市市辖区数据,而工业废水、二氧化硫和烟尘排放等污染排放只有 2003 年以来整个地级市的数据(缺少市辖区的数据),导致无法测算整个样本期内地级市市辖区的绿色 TFP。今后将持续追踪这一重要问题,在数据许可的情况下,探究环境规制对绿色 TFP 的影响。

算成(1988 年为基期的)实际值。实际物质资本存量由永续盘存法测算：$K_{it}=(1-\delta)K_{it-1}+I_{it}/P_{it}$，$I_{it}$ 为固定资产投资，P_{it} 为投资平减指数，期初物质资本存量由 $K_{i0}=I_{i0}/(g+\delta)$ 测算——限于数据可获取性，用省份地区生产总值平减指数测度 P_{it}，以 1988 年为期初年并用当年固定资产投资测度 I_{i0}，用 1988—1991 年实际固定资产投资的几何平均增长率测度 g，将物质资本折旧率 δ 设为 6%（Wang，2013）。人力资本 h_{it} 由 Bosworth 和 Collins(2008)的方法测算。[1]

为检验环境规制的微观作用机理，本节也考虑以企业 TFP 增长率和要素配置效率作为被解释变量。特别地，本节利用 Brandt 等(2012)的方法测算出(两位数)行业的产出平减指数和投入平减指数以及企业实际固定资产存量(1998 年为基期)，然后利用 Olley 和 Pakes(1996)的方法，基于行业估算出企业 TFP 增长率。[2]遵循已有研究的普遍做法，本节利用地级市-行业内企业要素份额与企业 TFP 的协方差(即 OP 协方差)E_{id}，来测度地级市-行业内的(企业间)要素配置效率：$E_{id}=\sum_i(s_{idj}-\bar{s}_{id})(\omega_{idj}-\bar{\omega}_{id})$，$s_{idj}$ 和 ω_{idj} 分别为企业 j 在地级市 i 行业 d 内的要素份额(分别考虑了资本份额和劳动份额)和 TFP，$\bar{s}_{id}$ 和 $\bar{\omega}_{id}$ 为它们的简单算术均值(Bartelsman et al.，2013；李力行等，2016)。倘若要素配置障碍较小，则要素会从低生产率企业更多地流向高生产率企业，故 E_{id} 越大(即生产率越高的企业的要素份额越大)意味要素配置效率越高。

---

[1] Bosworth 和 Collins(2008)在测算中国人力资本时，得到平均受教育年限 e 的回报率为 7%，故有 $h=(1.07)^e$。由于缺少地级市平均受教育年限数据，本书用省份数据替代。

[2] 我们也尝试利用 Levinsohn 和 Petrin(2003)的方法估算企业 TFP，结论不变。

　　最后，为避免异常值的影响，本节剔除了 1% 的样本（小于 0.50% 分位数和大于 99.50% 分位数的观测值）。表 4.1 给出主要变量的基本统计描述以及处置组与对照组在政策实施前的组间差异分析。由表 4.1 可知，处置组与对照组的很多方面在政策实施前都存在显著差异，例如，相较于对照组而言，处置组的人口规模和人口密度较大，地区生产总值增长率则较低。这表明国家环境保护重点城市政策存在较明显的内生性选择问题，标准（一步）双重差分法估计将会有偏。因此，本节采取两步双重差分策略来矫正这一问题。

表 4.1　主要变量的统计描述

变　　量	总样本				
	样本数	均值	标准差	最小值	最大值
地级市物质资本存量（取自然对数）	4 977	13.316 0	1.495 0	9.807 7	16.752 6
地级市劳动×人力资本（取自然对数）	5 145	12.753 3	0.721 9	10.813 1	14.652 5
地级市 TFP 增长率	4 337	−0.004 0	0.075 4	−0.319 8	0.433 3
地级市实际地区生产总值增长率	4 337	0.097 1	0.102 0	−0.466 9	0.541 2
企业 TFP 增长率	185 912	0.026 4	0.283 4	−1.204 6	1.336 7
企业增加值增长率	185 912	0.126 5	0.678 2	−2.736 3	2.962 0
地级市-行业要素配置效率（劳动份额为权重）	38 497	0.442 1	0.546 2	−0.059 4	3.209 8
地级市-行业要素配置效率（资本份额为权重）	38 497	0.535 9	0.643 1	−0.094 3	3.612 2
地级市实际人均地区生产总值（取自然对数）	4 339	8.628 5	0.889 0	5.542 6	11.258 7
地级市人口密度（取自然对数）	4 337	0.093 8	0.083 7	0.001 0	1.135 5
地级市人口数量（万）	4 339	76.872 0	44.400 4	10.930 0	656.070 0
国家环境保护重点城市政策哑变量	4 339	0.134 4	0.341 1	0	1

变　量	处置组与对照组（政策实施前）的组间差异分析				组间差异（处置组－对照组）
	处置组		对照组		
	均值	标准差	均值	标准差	
地级市物质资本存量（取自然对数）	13.149 1	0.030 3	13.257 6	0.027 1	−0.108 5** (0.051 3)
地级市劳动×人力资本（取自然对数）	12.720 1	0.021 3	12.153 0	0.012 1	0.567 0*** (0.024 8)
地级市 TFP 增长率	−0.004 5	0.002 5	−0.004 9	0.001 4	0.000 4 (0.002 9)
地级市实际地区生产总值增长率	0.093 5	0.005 4	0.104 1	0.002 4	−0.010 6** (0.005 2)
地级市-行业要素配置效率（劳动份额为权重）	0.541 3	0.007 3	0.398 5	0.003 3	0.142 8*** (0.007 3)
地级市-行业要素配置效率（资本份额为权重）	0.652 8	0.008 5	0.479	0.003 8	0.173 7*** (0.008 5)
企业 TFP 增长率	0.007 6	0.001 6	0.026 6	0.000 9	−0.019 0*** (0.001 8)
企业增加值增长率	0.080 9	0.819 4	0.142 5	0.002 4	−0.061 6*** (0.004 5)
地级市实际人均地区生产总值（取自然对数）	8.300 9	0.020 8	8.440 6	0.017 0	−0.139 7*** (0.032 5)
地级市人口密度（取自然对数）	0.116 7	0.002 8	0.083 7	0.001 6	0.033 0*** (0.003 2)
地级市人口数量（万）	82.701 2	1.427 6	69.494 8	0.778 5	13.206 5*** (1.604 5)

注：地级市数据为市辖区数据。组间差异一列中小括号里的数字为标准误，** 和 *** 分别代表在 5% 和 1% 的置信水平上显著。

二、实证结果分析

（一）基准回归结果

表 4.2 汇报了两步双重差分法第二步回归结果：第（1）—（3）列分别

给出方程(4.21)—(4.23)的估计结果。第(1)列显示,环境保护重点城市政策对地级市 TFP 具有负影响,但不具有统计显著性。在控制了事件窗口时间趋势和政策持续性影响后,影响力度有所增大,显著性亦有所增强[见第(2)和(3)列]。特别地,由第(3)列(最青睐的设定)可知:这一政策对地级市 TFP 产生了显著的负影响,且影响具有较强的持续性——政策实施 5 年后,环境保护重点城市(相较于其他地级市)的 TFP 增长率累计下降了 4.39 个百分点(在 1% 的置信水平上显著)。(拓展)一步双重差分法的估计结果与之具有良好的一致性[见表 4.2 第(4)—(6)列],表明回归结果是稳健的。

　　本节也考察了环境保护重点城市政策对地级市地区生产总值的影响。由第二步回归结果可知,这一政策对地级市地区生产总值也具有显著的抑制作用[一步双重差分法的结果类似,见表 4.2 第(7)和(8)列]。此外,两步双重差分法的回归结果表明:环境保护重点城市政策总体上有助于改善地级市的环境质量,促使环境保护重点城市的工业废水和二氧化硫排放量分别下降了 23% 和 25.90%(但对工业烟尘排放量的负影响不显著)。①

----

① 限于数据的可获取性,本节使用的是 2003—2014 年地级市的工业废水、二氧化硫和烟尘排放量数据(剔除 2004 年以前纳入环境保护重点城市的地级市,数据为整个地级市口径)。此外,本节还对环境库兹涅茨曲线进行了验证,结果表明,样本期内人均工业废水与人均实际地区生产总值之间的关系不显著,人均工业二氧化硫排放与人均实际地区生产总值之间的关系呈倒 U 型,人均工业烟尘排放与人均实际地区生产总值之间的关系呈 U 型。因此,样本期内,存在工业二氧化硫的环境库兹涅茨曲线,但不存在工业废水、工业烟尘的环境库兹涅茨曲线,这也证实了环境库兹涅茨曲线是否成立与样本的选取密切相关,不同样本期、不同污染物的选择都会影响实证结果。限于篇幅,略去具体回归结果。上述分析为环境规制与环境污染、环境污染与经济增长的内在联系提供了经验证据,为前文理论模型的设定提供了间接支持。

表 4.2 命令控制型环境规制对地级市 TFP 的影响

变量	TFP 增长率						地区生产总值增长率	
	两步双重差分法(第二步回归)			一步双重差分法			两步双重差分法(第二步回归)	一步双重差分法
	(1)	(2)	(3)	(4)	(5)	(6)	(7)	(8)
国家环境保护重点城市政策	−0.008 9	−0.033 4***	−0.022 8*	−0.009 2*	−0.028 2***	−0.018 7*	−0.039 3*	−0.028 4**
	(0.006 8)	(0.011 5)	(0.010 9)	(0.004 8)	(0.008 3)	(0.009 5)	(0.019 7)	(0.013 1)
事件窗口时间趋势项		0.002 0*	0.002 9***		0.001 7**	0.002 7***	0.001 8	0.001 1
		(0.000 8)	(0.000 8)		(0.000 7)	(0.000 9)	(0.001 5)	(0.000 9)
国家环境保护重点城市政策×事件窗口时间趋势项			−0.004 2**			−0.004 0**	−0.000 9	−0.000 4
			(0.001 6)			(0.001 6)	(0.002 9)	(0.001 6)
5 年政策效应			−0.043 9***			−0.039 0***	−0.044 0**	−0.030 3**
			(0.010 9)			(0.010 0)	(0.019 8)	(0.012 3)
年份固定效应				是	是	是	是	是
地级市固定效应				是	是	是	是	是
R^2	0.073 4	0.288 5	0.468 5	0.075 2	0.077 4	0.079 2	0.287 8	0.320 4

注:第(1)—(3)列汇报的是两步双重差分法第二步回归方程(4.21)—(4.23)的估计结果,第(7)列汇报的是第二步回归方程(4.23)的估计结果,小括号中数字为标准误差。被解释变量是两步双重差分法第一步回归得到的事件窗口哑变量的系数估计值,样本量为事件窗口哑变量的个数;第一步回归控制了地级市人口密度和人均地区生产总值(均取自然对数)以及地级市固定效应。一步双重差分法只汇报了核心系数的回归结果。第一步回归控制了地级市人口密度和人均地区生产总值(均取自然对数)以及年和地级市固定效应。5 年政策效应$(\beta_1+5\beta_3)$由回归结果计算得到,并对其作联合显著性检验。*、** 和 *** 分别表示在 10%、5% 和 1% 的置信水平上显著。

（二）规制力度的影响

上节实证分析表明，命令控制型环境规制政策有利于遏制环境污染，改善环境质量，但对 TFP 产生了显著的抑制作用。结合前文理论分析可知，这很可能主要是因为样本期内命令控制型环境规制力度总体较弱[可能尚处于 U 型曲线的左端，见前文图 4.1(a)]所致。这里就此进行检验。

但遗憾的是，中国目前尚缺乏良好的地级市市辖区的环境规制力度数据。因此，本节采用如下策略捕捉处置组城市（市辖区）环境规制力度差异：由 2003 年、2005 年、2006 年和 2008 年国家环境保护重点城市的"城考"综合排名（原国家环保总局只在这四年公布了环境保护重点城市的"城考"综合排名），计算出每个处置组城市的排名变化；将累计排名上升前 25％分位数的城市归为规制力度较大组，其余为力度较小组。①分别基于这两组处置组样本（对照组样本不变）的两步双重差分法回归结果表明，随着规制力度增加，环境规制对 TFP 的不利影响明显减弱、趋于消失，体现在：就规制力度较小组而言，环境保护重点城市政策对 TFP 的负影响较大且具有较好的统计显著性；而对于力度较大组，政策影响很小且

①　目前，已有研究使用了很多方法来捕捉环境规制政策力度；陈诗一和陈登科(2018)、余永泽等(2020)分别利用(2003 年以来)省份和(2007 年以来)地级市的政府工作报告中与环境相关词汇出现的频数及其比重以及环境目标约束数据来刻画环境规制力度，并详细阐述了这类指标较其他指标而言更为可取、更具说服力。不过，令人遗憾的是，就本节的研究而言，使用这一指标存在很大困难，可能会引致更大的质疑：国家环境保护重点城市政策主要是针对市辖区的环境质量进行考核，因此本节使用的是地级市市辖区的数据，而地级市的政府工作报告是针对整个地级市（包括市辖区和所辖县）的，致使这类指标（政府工作报告中与环境相关词汇出现的频数及其比重以及环境目标约束数据）无法较好地识别出地级市市辖区的环境规制力度。相比而言，"城考"排名变化更适用于本节的研究：一是可以保证本书关于环境规制政策（国家环境保护重点城市政策）和规制政策力度（环境保护重点城市的"城考"排名变化）在识别上的逻辑一致性；二是环境保护重点城市政策主要是针对市辖区的环境质量进行考核，因此"城考"排名很大程度上反映了地级市市辖区环境规制的结果，排名变化则可较好地捕捉地级市市辖区的环境规制力度——累计排名上升越大，意味着地方政府需要付出更大的规制努力。

表 4.3　规制力度的影响

变量	TFP增长率		地区生产总值增长率		TFP增长率		地区生产总值增长率	
	排名上升靠前（力度）较大组	排名上升靠后（力度）较小组	排名上升靠前（力度）较大组	排名上升靠后（力度）较小组	平均排名靠前（力度）较大组	平均排名靠后（力度）较小组	平均排名靠前（力度）较大组	平均排名靠后（力度）较小组
	(1)	(2)	(3)	(4)	(5)	(6)	(7)	(8)
国家环境保护重点城市政策	0.001 9 (0.025 0)	−0.023 1* (0.012 0)	−0.052 0 (0.033 0)	−0.046 0* (0.023 0)	−0.011 1 (0.021 4)	−0.024 2* (0.012 1)	−0.041 9 (0.032 2)	−0.041 4** (0.017 2)
事件窗口时间趋势项	−0.000 8 (0.004 2)	0.002 9*** (0.000 7)	0.000 2 (0.003 0)	0.003 0 (0.002 0)	−0.000 8 (0.001 2)	0.003 9*** (0.001 3)	0.000 7 (0.003 3)	0.001 9 (0.001 2)
国家环境保护重点城市政策×事件窗口时间趋势项	−0.001 3 (0.004 4)	−0.005 1** (0.002 2)	0.002 0 (0.005 0)	−0.002 0 (0.003 0)	0.001 9 (0.003 0)	−0.004 4** (0.001 8)	0.001 1 (0.005 0)	−0.000 4 (0.003 1)
5年政策效应	−0.003 0 (0.024 7)	−0.049 2*** (0.011 1)	−0.044 0 (0.033 0)	−0.057 0** (0.023 1)	−0.001 9 (0.021 4)	−0.046 2*** (0.012 3)	−0.036 6 (0.035 0)	−0.043 0** (0.017 1)
5年效应差异检验 p 值	0.087 1*		0.570 8		0.063 9*		0.850 1	
R^2	0.215 2	0.514 4	0.249 0	0.301 3	0.082 4	0.486 2	0.163 9	0.345 5

注：汇报的是分步两步双重差分法第二步回归方程（4.23）的估计结果，两组样本 5 年政策效应差异检验为邹至庄检验（原假设：两组系数不存在差异）。其他注释与表 4.2 相同。

不显著［检验表明这两组 5 年政策效应存在显著差异，见表 4.3 第（1）和（2）列］。地区生产总值的影响结果总体类似［但两组 5 年政策效应的差异不显著，见表 4.3 第（3）和（4）列］。

不过，按照上述分组办法，"城考"排名始终靠前的环境保护重点城市可能被归为规制力度较小组，而这些城市也很可能需要实施严格的规制政策以保持排名靠前。故此，本节也尝试利用四次"城考"平均排名情况捕捉规制力度差异，将平均排名前 25％分位数的环境保护重点城市归为力度较大组，其余为力度较小组。表 4.3 第（5）—（8）列显示，结论不变。

（三）平行趋势与结构性断点检验

由于国家环境保护重点城市与其他地级市的 TFP 增长率及地区生产总值增长率存在事前趋势差异，故本节采用了两步双重差分策略。那么，这一策略能否较好地解决内生性选择问题，是不是有效的呢？本节对此进行检验，包括平行趋势检验和结构性断点检验。

首先，本节利用反事实分析进行平行趋势检验——特别地，选取了两个事前样本期。（1）1988—1995 年。为确保样本城市在此期间均未受过处置，这里剔除 1992 年纳入环境保护重点城市的地级市（青岛和宁波等 4 个城市）样本。这样，可以检验 1995 年以后纳入环境保护重点城市的地级市与对照组的 TFP 增长率和地区生产总值增长率在事前（1988—1995 年）是否具有相同变化趋势（分别以 1993 和 1994 年为虚拟政策实施年，事件窗口 p 的范围分别设为［−5，2］和［−6，1］）。（2）1988—2002 年。基于类似考虑，本节剔除 1992 和 1996 年纳入环境保护重点城市的地级市样本，分别以 2000 和 2001 年为虚拟政策实施年，将 p 的范围分别设为［−11，2］和［−12，1］。表 4.4 显示：无论是 1988—1995 年还

表 4.4 平行趋势检验

变量	样本期:1988—1995年				样本期:1988—2002年			
	虚拟政策实施年				政策实施年			
	1993年		1994年		2000年		2001年	
	TFP增长率	地区生产总值增长率	TFP增长率	地区生产总值增长率	TFP增长率	地区生产总值增长率	TFP增长率	地区生产总值增长率
	(1)	(2)	(3)	(4)	(5)	(6)	(7)	(8)
国家环境保护重点城市政策	−0.006 3 (0.007 0)	−0.011 4 (0.044 7)	−0.008 7 (0.013 4)	−0.006 2 (0.063 6)	0.000 2 (0.016 7)	0.052 7 (0.029 7)	−0.035 4 (0.020 0)	−0.009 2 (0.050 1)
事件窗口时间趋势项	0.004 3 (0.002 8)	0.005 5 (0.011 4)	0.001 1 (0.002 5)	0.001 1 (0.008 4)	0.002 5** (0.001 1)	−0.000 9 (0.001 8)	−0.002 9 (0.000 8)	0.001 1 (0.001 9)
国家环境保护重点城市政策×事件窗口时间趋势项	−0.005 7 (0.003 9)	−0.010 2 (0.021 4)	0.000 3 (0.008 3)	−0.007 2 (0.038 9)	0.002 9 (0.007 2)	−0.009 7 (0.013 0)	0.023 4* (0.012 2)	0.010 5 (0.030 9)
5年政策效应	−0.034 9 (0.018 9)	−0.062 5 (0.094 0)	−0.007 0 (0.032 0)	−0.042 1 (0.147 1)	0.014 8 (0.024 8)	0.004 0 (0.044 1)	0.081 7 (0.054 0)	0.043 2 (0.110 9)
R^2	0.698 3	0.191 7	0.388 4	0.112 6	0.688 0	0.176 6	0.767 0	0.104 7

注:汇报的是两步分法第二步回归方程(4.23)的估计结果;其他注释与表 4.2 相同。

是 1988—2002 年,政策影响系数和 5 年政策效应均不显著,故满足平行趋势条件,两步双重差分策略有效。[①]

其次,本节进行结构性断点检验——基于第二步回归方程(4.23)的回归结果,检验回归系数 β_1 和 β_3 是否在政策实施当年及之后年份存在结构性断点:若存在断点,则表明政策产生了有效影响,采用两步双重差分法是合理有效的;否则,是无效的。[②]表 4.5 的检验结果显示:就地级市 TFP 增长率而言,在环境保护重点城市政策实施当年就出现了结构性断点——最大 F 值对应的时点为 0,QLR(Quandt likelihood ratio)检验统计值大于 99% 置信水平的临界值;对于地级市地区生产总值增长率,在政策实施后第 1 年出现了结构性断点。因此,本节采用的两步双重差分法是有效的,基准结论是可靠的。

表 4.5　结构性断点检验

变　量	最大 F 值对应的时点 (1)	QLR 检验统计值 (2)
地级市 TFP 增长率	0	8.811 1
地级市地区生产总值增长率	1	5.092 9

注:检验基于第二步回归方程(4.23)的估计结果,分为两步:(1)对于事件窗口每个时点,将其视为政策实施时点,对原假设($\beta_1=0$ 和 $\beta_3=0$)进行联合显著性检验,得到 F 检验统计值,从中识别出最大 F 值对应的时点——第(1)列中的 0 表示政策实施当年,1 表示政策实施后第 1 年;(2)利用 QLR 检验该时点是否为结构性断点——QLR 统计值大于临界值,则其为结构性断点(90%、95%、99% 置信水平的临界值分别为 5、5.86 和 7.78)(Stock and Waston,2011)。

[①] 鉴于时间很短,未考虑 1988—1991 年为事前样本期(1992—1995 年,基准样本中只有 4 个环境保护重点城市,故问题可能不大)。对于 1988—1995 年和 1988—2002 年事前样本期,本节也分别尝试以 1990—1992 各年和 1997—1999 各年为虚拟政策实年,结果类似。

[②] 结构性断点检验主要应用于时间序列分析,而正如事件分析方程(4.20)所示,双重差分分析框架可 collapse 为一个时间序列(虽然地级市成为环境保护重点城市的时点不同),故该方法也可用于检验双重差分法的有效性(Greenstone and Hanna,2014;沈坤荣和金刚,2018)。

（四）稳健性检验

为进一步确保基准结论的可靠性，本节作如下稳健性检验：(1)选择不同的事件窗口范围；(2)考虑国家环保模范城市政策的影响；(3)考虑"两控区"政策的影响；(4)考虑外溢性的影响；(5)增加控制变量。

首先，基准回归选取的事件窗口 p 的范围为 $[-15, 9]$，为检验结果对 p 范围变化的敏感性，本节尝试采用 $[-13, 10]$ 和 $[-14, 8]$ 两个取值范围。①由表 4.6 第(1)—(4)列可知，结论不变(5 年政策效应显著为负，数值与基准结果相似)。其次，国家环保总局自 1997 年起开始评选国家环保模范城市，这可能导致基准结果有偏。为此，本节剔除环保模范城市样本(选取样本中有 37 个环保模范城市，其中 23 个亦是国家环境保护重点城市)，结果没有明显变化[见表 4.6 第(5)和(6)列]。此外，国务院在 1998 年批准实施了"两控区"政策，②这也可能导致基准结果有偏。因此，本节在第一步回归方程(4.21)中引入"两控区"政策哑变量("两控区"地级市 1998 年及之后年份取值为 1，否则为 0；非"两控区"地级市均取值为 0)，以控制该政策的影响。表 4.6 第(7)和(8)列显示，结论不变。污染通常具有外溢性且环境规制力度增强也可能引发企业迁移，从而可能导致基准结果有偏。为此，本节尝试剔除与处置组城市地理相邻的对照组城市样本。③由表 4.6 第(9)和(10)列可知，基准结论具有良好的稳健性。

---

① 我们也尝试选取 $[-15, 8]$、$[-13, 9]$ 和 $[-9, 9]$ 的取值范围，结论依然成立。

② "两控区"是指酸雨控制区和二氧化硫污染控制区。样本中有 127 个地级市属于"两控区"(其中 65 个也是环境保护重点城市)。我们也尝试剔除这些"两控区"地级市样本，但剔除样本较多，导致结果精度较差。

③ 本节也尝试分别剔除与处置组城市地理距离小于 100、150 和 200 公里的对照组城市样本，结论不变。

表 4.6　稳健性检验

变　量	事件窗口范围(p)				国家环保模范城市政策影响		"两控区"政策影响		剔除与处置组地理相邻组城市相邻组的对照组城市	
	[−13, 10]		[−14, 8]							
	TFP增长率	地区生产总值增长率	TFP增长率	地区生产总值增长率	TFP增长率	地区生产总值增长率	TFP增长率	地区生产总值增长率	TFP增长率	地区生产总值增长率
	(1)	(2)	(3)	(4)	(5)	(6)	(7)	(8)	(9)	(10)
国家环境保护重点城市政策	−0.023 6**	−0.052 7**	−0.017 9	−0.055 1**	−0.031 1**	−0.034 2*	−0.019 4	−0.052 4**	−0.023 4*	−0.054 1**
	(0.010 2)	(0.019 3)	(0.010 9)	(0.022 1)	(0.012 0)	(0.019 2)	(0.013 3)	(0.020 3)	(0.013 3)	(0.024 8)
事件窗口时间趋势项	0.002 9***	0.002 0	0.003 2***	0.002 9	0.003 9***	0.001 7	0.003 3***	0.002 3	0.002 9***	0.001 7
	(0.000 9)	(0.002 1)	(0.000 8)	(0.001 9)	(0.000 9)	(0.001 1)	(0.001 0)	(0.001 5)	(0.001 0)	(0.001 9)
国家环境保护重点城市政策×事件窗口时间趋势项	−0.003 3**	0.000 2	−0.006 1***	−0.000 8	−0.005 9***	−0.001 1	−0.004 5**	−0.000 1	−0.004 6**	−0.001 0
	(0.001 5)	(0.003 0)	(0.001 8)	(0.003 7)	(0.002 1)	(0.003 0)	(0.002 0)	(0.003 0)	(0.002 0)	(0.003 7)
5年政策效应	−0.040 0***	−0.051 8**	−0.048 5***	−0.059 3**	−0.047 0***	−0.039 2*	−0.042 0***	−0.052 6**	−0.046 4***	−0.059 4**
	(0.011 4)	(0.023 0)	(0.010 9)	(0.022 5)	(0.016 2)	(0.019 1)	(0.013 6)	(0.020 2)	(0.013 5)	(0.024 8)
R^2	0.402 4	0.397 3	0.563 3	0.379 2	0.580 1	0.334 8	0.357 2	0.341 2	0.407 4	0.384 5

注：汇报的是两步双重差分法第二步回归方程(4.23)的估计结果；其他注释与表 4.2 相同。

三、微观机理分析

上文考察了国家环境保护重点城市政策对 TFP 的影响,本小节进一步探究这一政策对企业 TFP 和要素配置效率的影响,就前文理论框架刻画的命令控制型环境规制对 TFP 的微观作用机理进行检验。

(一) 对企业 TFP 的影响

表 4.7 第(1)列给出国家环境保护重点城市政策对企业 TFP 影响的两步双重差分法第二步回归方程(4.23)的估计结果。结果表明,这一政策对企业 TFP 产生了显著的抑制作用,导致环境保护重点城市的企业 TFP 增长率 5 年累计下降了 4.18 个百分点[一步双重差分法的结果类似,见表 4.7 第(2)列]。①这得到了表 4.7 第(3)—(6)列结果的支持:环境保护重点城市政策对企业增加值增长率和企业利润(取自然对数)的 5 年累积效应亦显著为负。进而,本节依据环境保护重点城市"城考"综合排名累计变化情况进行分组回归,来识别规制力度差异的影响。表 4.7 第(7)—(10)列显示,规制力度较小组的 5 年 TFP 效应显著为负,力度较大组的则为正值(统计上不显著)。②上述结果表明,命令控制型环境规制对企业 TFP 也倾向于具有弱 U 型(近乎 L 型)影响,这为前文基于地级市宏观数据得到的结论(见表 4.2 和表 4.3)提供了良好的微观证据支持。

---

① 回归样本期为 1999—2007 年,故将处置组限定为 2004 年纳入环境保护重点城市的地级市(剔除此前的环境保护重点城市样本)以便能较好地进行平行趋势检验,将 p 范围设为 $[-5,3]$。检验(1999—2003 年为事前样本期,2000—2002 各年为虚拟政策实施年)表明,满足平行趋势条件。本节也针对 p 范围设定、国家环保模范城市政策、"两控区"政策和外溢性的影响作稳健性检验,结论不变。

② 依据的是 2005 年、2006 年和 2008 年环境保护重点城市"城考"综合排名:累计排名上升前 25% 分位数的环境保护重点城市为规制力度较大组,其余为力度较小组。本节也尝试按照"城考"平均排名进行分组,结论不变。

表 4.7 命令控制型环境规制对企业 TFP 的影响

变量	企业 TFP 增长率		企业增加值增长率		企业利润(取自然对数)		企业 TFP 增长率:规制力度的影响			
							两步双重差分法(第二步回归)		一步双重差分法	
	两步双重差分法(第二步回归)	一步双重差分法	两步双重差分法(第二步回归)	一步双重差分法	两步双重差分法(第二步回归)	一步双重差分法	排名上升率前(力度)较大组	排名上升率后(力度)较小组	排名上升率前(力度)较大组	排名上升率后(力度)较小组
	(1)	(2)	(3)	(4)	(5)	(6)	(7)	(8)	(9)	(10)
国家环境保护重点城市政策	−0.036 5***	−0.035 3***	−0.117 9***	−0.117 9***	0.159 6	0.019 6	−0.032 1	−0.035 0**	−0.032 2**	−0.032 9***
	(0.008 2)	(0.008 7)	(0.030 0)	(0.022 5)	(0.094 8)	(0.111 1)	(0.018 2)	(0.011 1)	(0.014 2)	(0.008 4)
事件窗口时间趋势项	0.008 0***	0.008 3***	0.023 1***	0.022 7***	0.038 2*	0.040 0	0.000 9	0.009 3**	0.000 8	0.009 7***
	(0.001 8)	(0.002 2)	(0.006 5)	(0.005 4)	(0.016 1)	(0.024 6)	(0.004 5)	(0.002 4)	(0.003 3)	(0.001 9)
国家环境保护重点城市政策×事件窗口时间趋势项	−0.001 1	−0.001 2	−0.008 9	−0.012 8	−0.135 8***	−0.138 0***	0.009 2	−0.003 5	0.008 0*	−0.003 6
	(0.003 1)	(0.003 3)	(0.011 3)	(0.010 2)	(0.033 8)	(0.041 6)	(0.006 9)	(0.004 2)	(0.004 9)	(0.003 0)
5 年政策效应	−0.041 8**	−0.041 3**	−0.162 4**	−0.181 7***	−0.519 4***	−0.670 3***	0.014 2	−0.052 6**	0.014 1	−0.050 8***
	(0.014 4)	(0.018 7)	(0.053 1)	(0.053 3)	(0.147 7)	(0.241 1)	(0.032 1)	(0.019 6)	(0.024 8)	(0.014 3)

续 表

变量	企业 TFP 增长率		企业增加值增长率		企业利润(取自然对数)		企业 TFP 增长率:规制力度的影响			
							两步双重差分法(第二步回归)		一步双重差分法	
	两步双重差分法(第二步回归)	一步双重差分法	两步双重差分法(第二步回归)	一步双重差分法	两步双重差分法(第二步回归)	一步双重差分法	排名上升靠前(力度较大)组	排名上升靠后(力度较小)组	排名上升靠前(力度较大)组	排名上升靠后(力度较小)组
	(1)	(2)	(3)	(4)	(5)	(6)	(7)	(8)	(9)	(10)
5年效应差异检验 p 值							0.047 8**		0.139 6	
两位数行业×年份固定效应	是	是	是	是	是	是	是		是	是
企业固定效应	是	是	是	是	是	是	是		是	是
R^2	0.852 2	0.254 8	0.811 9	0.208 3	0.733 2	0.698 9	0.439 3	0.784 8	0.274 1	0.241 9

注:两步双重差分法汇报的是第二步回归方程(4.23)的估计结果。第一步回归控制了地级市人口密度和人均地区生产总值(均取自然对数)以及企业固定效应和两位数行业×年份固定效应(控制不随时间变化的企业个体特征的影响和行业随时间变化的共同冲击的影响)。一步双重差分法控制了地级市人口密度和人均地区生产总值(均取自然对数)以及企业固定效应和两位数行业×年份固定效应,小括号中数字为 cluster 到企业层面(被解释变量为企业变量)、企业层面(企业层面变化)和地级市一年层面(核心解释变量即环境保护重点城市政策虚变量在地级市一年层面变化)的标准误。两组样本 5 年政策效应差异检验为邻近差异检验(原假设:两组系数不存在差异)。其他注释与表 4.2 相同。

（二）异质性效应

正如前文理论分析指出的，企业信贷约束在要素错配进而环境规制影响 TFP 的机理中扮演着重要作用——特别地，企业信贷约束越严重，环境规制对 TFP 的负影响越突出。为了就此进行检验，本节利用 Guariglia 等（2011）的方法，测算出每个样本企业的 CFS 指数：$CFS_i = \sum_{t=1}^{T} \left[\frac{Ca_{it}}{\sum_{t=1}^{T} Ca_{it}} \times As_{it} \right] - \frac{1}{T} \sum_{t=1}^{T} As_{it}$，$Ca_{it}$ 和 As_{it} 分别为企业 i 在 t 年的现金流（净收入与折旧之和）与总资产的比值和总资产增长率，T 为样本期数。CFS 指数越大，意味企业的总资产增长对现金流的依赖性越大，企业信贷约束越严重。进而，本节将 CFS 指数大于样本 75% 分位数的企业归为信贷约束较大组，其余为约束较小组。表 4.8 第（1）和（2）列显示，信贷约束较大组的 5 年企业 TFP 效应显著为负且力度较大，约束较小组的则显著性较差且力度较小（一步双重差分法的结果类似）。这为前文理论分析刻画的作用机理提供了良好的证据支持，意味着缓解企业信贷约束有助于规避命令控制型环境规制对 TFP 的不利影响。

其次，本节将企业分为国有企业（包括国有、国有联营、国有独资公司以及国有经济处于绝对控股地位的股份合作和股份有限责任公司）与非国有企业（包括集体、民营、港澳台和外资企业），来考察环境规制对不同所有制企业的影响差异。分组回归结果表明，相较于其他所有制企业，环境保护重点城市政策对国有企业 TFP 的抑制作用较弱［见表 4.8 第（3）和（4）列］。原因可能主要在于：国有企业可获得更大的政策支持（如信贷支持），故受到的冲击影响较弱。此外，环境规制对污染性不同行业的冲

表 4.8 命令控制型环境规制对企业 TFP 的异质性效应

变　量	信贷约束较小组 (1)	信贷约束较大组 (2)	国有企业 (3)	非国有企业 (4)	高污染行业 (5)	低污染行业 (6)	市委书记年龄较小组 (7)	市委书记年龄较大组 (8)
			两步双重差分法（第二步回归）					
国家环境保护重点城市政策	−0.038 1** (0.012 5)	−0.032 3** (0.010 9)	−0.001 9 (0.010 3)	−0.039 7** (0.011 6)	−0.040 1* (0.012 2)	−0.055 1* (0.014 9)	−0.030 0*** (0.007 2)	0.013 1 (0.038 8)
事件窗口时间趋势项	0.008 4** (0.002 7)	0.012 7*** (0.002 3)	0.000 6 (0.002 1)	0.010 4*** (0.002 5)	0.011 1*** (0.002 9)	0.006 1* (0.002 9)	0.007 5*** (0.001 6)	−0.032 8** (0.008 3)
国家环境保护重点城市政策×事件窗口时间趋势项	−0.000 08 (0.004 7)	−0.010 4* (0.004 1)	−0.002 8 (0.003 9)	−0.003 4 (0.004 4)	−0.004 4 (0.004 8)	0.008 1 (0.005 2)	−0.001 4 (0.002 7)	0.029 0 (0.014 7)
5 年政策效应	−0.042 2 (0.022 1)	−0.084 5*** (0.019 1)	−0.015 7 (0.017 9)	−0.056 5** (0.020 5)	−0.062 1** (0.022 1)	−0.014 5 (0.024 1)	−0.037 0*** (0.012 8)	0.132 2 (0.068 7)
5 年效应差异检验 p 值	0.055 1*		0.026 3**		0.033 9**		0.016 2**	
样本量	9	9	9	9	9	9	9	9
R^2	0.732 5	0.857 9	0.291 0	0.809 4	0.814 2	0.770 9	0.860 5	0.887 8

续 表

变　量	信贷约束较小组 (1)	信贷约束较大组 (2)	国有企业 (3)	非国有企业 (4)	高污染行业 (5)	低污染行业 (6)	市委书记年龄较小组 (7)	市委书记年龄较大组 (8)
			一步双重差分法					
国家环境保护重点城市政策	−0.036 5***	−0.042 5***	−0.004 0	−0.038 3***	−0.039 9***	−0.058 4***	−0.026 0***	−0.009 0
	(0.011 0)	(0.014 6)	(0.020 0)	(0.009 5)	(0.008 1)	(0.016 2)	(0.008 0)	(0.038 2)
事件窗口时间趋势项	0.008 7***	0.012 0***	0.000 4	0.009 6***	0.011 1***	0.009 5**	0.007 9***	−0.019 8
	(0.002 8)	(0.003 1)	(0.003 5)	(0.002 6)	(0.001 9)	(0.003 9)	(0.002 1)	(0.013 4)
国家环境保护重点城市政策×事件窗口时间趋势项	−0.000 7	−0.008 1	−0.001 2	−0.001 9	−0.003 2	0.006 1	−0.002 2	0.023 6
	(0.004 1)	(0.005 3)	(0.007 9)	(0.003 5)	(0.003 0)	(0.006 9)	(0.003 4)	(0.021 4)
5 年政策效应	−0.040 2*	−0.083 2***	−0.010 1	−0.047 6*	−0.056 0***	−0.028 1	−0.038 1***	0.108 8
	(0.023 1)	(0.029 1)	(0.037 9)	(0.020 9)	(0.018 0)	(0.038 2)	(0.013 9)	(0.117 5)
5 年效应差异检验 p 值	0.360 0		0.034 8**		0.632 2		0.084 9*	
两位数行业×年份固定效应	是	是	是	是	是	是	是	是
企业固定效应	是	是	是	是	是	是	是	是
样本量	126 644	45 006	18 601	150 097	139 116	27 995	143 591	10 225
R^2	0.241 8	0.255 2	0.278 4	0.251 9	0.244 5	0.279 5	0.274 1	0.495 6

注:注释与表 4.7 相同。

击影响也可能有所不同:相较于低污染行业,高污染行业对污染排放的依赖性更大,故受到的冲击影响可能更大。分组回归结果证实了这一点——与低污染行业相比,环境保护重点城市政策对高污染行业企业TFP 的 5 年负效应更为突出[见表 4.8 第(5)和(6)列]。①由此可见,命令控制型环境规制有助于遏制高污染行业的发展(进而有利于改善环境质量),这为前文基于地级市污染数据得到的结论提供了良好的微观证据支持。

最后,部分地方政府之所以在实践中会忽视环境治理,激励结构偏差(即以地区生产总值增长为核心的晋升激励)亦在其中扮演了重要作用。为此,本节依据所在地级市市委书记的年龄将样本企业分为两组:市委书记年龄较小组(小于 57 岁)和年龄较大组(大于等于 57 岁)。Yan 和 Yuan(2020)的研究表明,57 岁构成地级市市委书记升迁的重要年龄限制,达到或超过这个年龄,他们将很难获得升迁,故晋升激励明显减弱。②表 4.8 第(7)和(8)列显示:市委书记年龄较小组(即激励较强组)的 5 年政策效应显著为负,年龄较大组(即激励较弱组)的则为正值(统计上不显著)。即以地区生产总值增长为核心的晋升激励越强,地方政府越有可能

---

① 国务院于 2006 年公布的《第一次全国污染源普查方案》明确了 18 个重点工业污染源行业:农副食品加工业,食品制造业,饮料制造业,纺织业,皮革、毛皮、羽毛及其制品和制鞋业,木材加工和木、竹、藤棕、草制品业,造纸业和纸制品业,石油、煤炭及其他燃料加工业,化学原料和化学制品制造业,医药制造业,非金属矿物制品业,黑色金属冶炼和压延加工业,有色金属冶炼和压延加工业,金属制品业,通用设备制造业,专用设备制造业,交通运输设备制造业,计算机及其他电子设备制造业。2010 年发布的《第一次全国污染源普查公报》表明,这些行业的水污染物或气污染物排放量达到整个制造业排放量的 80% 以上;故将它们归为高污染行业,其他为低污染行业。

② Jia 等(2020)采取同样做法捕捉地级市市委书记晋升激励的强弱。本节也尝试依据地级市市长的年龄按同样做法进行分组,结论类似。地级市市委书记和市长的年龄数据来自新华网中国领导干部数据库。

采取较弱的环境规制力度,因此上述结果与前文表 4.7 第(7)—(10)列的结果保持了良好的逻辑一致性。

(三) 要素配置效应

前文理论分析指出,环境规制之所以会影响 TFP,主要原因在于其会影响(企业间)要素配置效率。[1]为检验这一核心作用机理,本节以地级市-行业(企业间)要素配置效率(分别以企业的资本份额和劳动份额为权重)作为被解释变量。回归结果表明,国家环境保护重点城市政策显著降低了要素配置效率,导致环境保护重点城市的要素配置效率 5 年累计下降了 0.08[资本份额为权重,见表 4.9 第(1)列]和 0.06[劳动份额为权重,见表 4.9 第(2)列],分别相当于样本均值(见表 4.1)的 18.10% 和 11.90%(一步双重差分法的结果类似)。[2]进而,本节依据环境保护重点城市"城考"综合排名累计变化进行分组回归,以识别规制力度差异的影响。表 4.9 第(3)—(6)列显示,环境规制对要素配置效率总体上具有弱 U 型(近乎 L 型)影响(依照平均排名的分组回归结论类似),这较好地验证了本书理论框架刻画的作用机理。

---

① 正如前文指出的,环境规制影响 TFP 的另一个潜在重要机制在于:其可能会影响企业研发创新活动。本节也尝试利用工业企业数据,考察环境保护重点城市政策对企业的 R&D 支出与增加值的比值、R&D 支出增长率(工业企业只有 2001—2003 年和 2005—2007 年的 R&D 支出数据)和新产品产值(取自然对数)的影响。两步和一步双重差分法的估计结果表明,影响都不显著,故环境规制对企业研发创新活动的影响倾向于较弱。

② 本节也考察了环境保护重点城市政策对进入、退出和在位企业 TFP 的影响。进入企业 TFP 增长率,为进入后第一年较进入当年的 TFP 增长率;退出企业 TFP 增长率,为退出当年较前一年的 TFP 增长率;为避免混淆,剔除存活期小于等于两年的企业样本——它们的 TFP 增长率既为进入企业也为退出企业的 TFP 增长率(Brandt et al., 2017)。结果表明:这一政策对进入和在位企业的 TFP 的 5 年效应显著为负,对退出企业 TFP 的影响不显著。正如前文理论分析指出的,这可能主要因为:环境规制削弱了企业自融资机制(体现在环境保护重点城市政策显著减少了进入和在位企业的现金流),导致生产率损失。

表 4.9 命令控制型环境规制对要素配置效率的影响

变量	地级市-行业要素配置效率（资本份额为权重）	地级市-行业要素配置效率（劳动份额为权重）	地级市-行业要素配置效率（资本份额为权重）		地级市-行业要素配置效率（劳动份额为权重）	
			排名上升靠前（规制力度较大）组	排名上升靠后（规制力度较小）组	排名上升靠前（规制力度较大）组	排名上升靠后（规制力度较小）组
	(1)	(2)	(3)	(4)	(5)	(6)
		两步双重差分法（第二步回归）				
国家环境保护重点城市政策	-0.028 7	-0.025 8**	0.011 6	-0.031 1*	-0.014 97	-0.028 6**
	(0.016 4)	(0.008 0)	(0.024 9)	(0.014 8)	(0.009 3)	(0.007 9)
事件窗口时间趋势项	0.011 3***	0.009 1***	0.009 2**	0.008 7**	0.008 0***	0.007 0***
	(0.003)	(0.001 3)	(0.002 5)	(0.002 5)	(0.001 3)	(0.001 7)
国家环境保护重点城市政策×事件窗口时间趋势项	-0.010 2	-0.007 6**	-0.012 3	-0.007 7	0.001 5	-0.006 9*
	(0.005 5)	(0.002 7)	(0.008 0)	(0.005 2)	(0.003 1)	(0.003 0)
5 年政策效应	-0.079 7**	-0.063 7***	-0.049 7*	-0.069 5**	-0.007 5	-0.063 0***
	(0.023 6)	(0.011 6)	(0.024 6)	(0.023 0)	(0.012 7)	(0.014 0)
5 年效应差异检验 p 值			0.582 1		0.016 0**	
样本量	10	10	10	10	10	10
R^2	0.797 1	0.913 9	0.845 3	0.725 4	0.952 3	0.863 0

续　表

一步双重差分法

变　量	地级市-行业要素配置效率（资本份额为权重）	地级市-行业要素配置效率（劳动份额为权重）	地级市-行业要素配置效率（资本份额为权重）		地级市-行业要素配置效率（劳动份额为权重）	
			排名上升靠前（规制力度较大）组	排名上升靠后（规制力度较小）组	排名上升靠前（规制力度较大）组	排名上升靠后（规制力度较小）组
	(1)	(2)	(3)	(4)	(5)	(6)
国家环境保护重点城市政策（事件窗口时间趋势项）	−0.038 8** (0.019 4)	−0.036 2** (0.016 5)	−0.015 6 (0.038 3)	−0.032 8 (0.021 6)	−0.016 1 (0.034 0)	−0.041 1** (0.018 0)
国家环境保护重点城市政策×事件窗口时间趋势项	0.011 3*** (0.004 3)	0.009 1** (0.003 8)	0.009 3*** (0.004 4)	0.008 0* (0.004 7)	0.008 0** (0.003 7)	0.009 0** (0.003 8)
	−0.010 3 (0.007 3)	−0.006 8 (0.006 4)	−0.006 1 (0.013 8)	−0.007 1 (0.008 3)	0.002 2 (0.013 4)	−0.008 8 (0.006 9)
5 年政策效应	−0.090 3** (0.039 6)	−0.070 4** (0.035 5)	−0.046 2 (0.062 7)	−0.068 4 (0.044 7)	−0.005 0 (0.058 5)	−0.084 9** (0.037 5)
5 年效应差异检验 p 值			0.427 3		0.091 1*	
两位数行业×年份固定效应	是	是	是	是	是	是
两位数行业×地级市固定效应	是	是	是	是	是	是
R^2	0.676 4	0.665 4	0.713 2	0.670 2	0.675 5	0.665 8

注：两步双重差分法第一步回归控制了地级市人口密度和地区生产总值（均取自然对数）以及两位数行业×地级市个体特征（控制不随时间变化的各行业在不同地级市的共同变化的影响和行业层面随时间冲击的影响）。一步双重差分法控制了地级市人均地区生产总值（均取自然对数）以及两位数行业×地级市固定效应和两位数行业×年份固定效应。即地级市-行业层面（被解释变量，即地级市-行业要素配置效率在地级市-行业、年层面变化。其他注释与表 4.7 相同。

第三节　小　　结

本章先构建一个包含环境要素(污染排放)约束的异质性企业家模型,深入剖析命令控制型环境规制政策对 TFP 的影响及其作用机制,然后以国家环境保护重点城市政策为契机,利用地级市、工业企业层面样本数据进行细致的经验分析,核心强调了要素配置机制在环境规制影响TFP 中的重要性。

研究表明三点。(1)命令控制型环境规制对 TFP 具有弱 U 型影响,而对总产出具有弱 L 型影响,即命令控制型环境规制政策会产生一定的经济代价,但这种代价会随着规制力度的增强而逐渐减少,目前我国的(命令控制型)环境规制力度可能尚处于 U 型曲线的左端。(2)环境规制影响 TFP 的核心原因在于,要素配置机制在其中发挥了重要作用——环境规制会影响企业的产出和利润,进而影响企业的自融资机制,最终对要素配置效率总体上产生弱 U 型(近乎 L 型)影响。(3)信贷约束在环境规制对 TFP 效应的决定中起重要作用,较宽松的信贷约束有利于缓解资本错配带来的 TFP 损失。以上结论均得到基于地级市、工业企业层面宏微观数据的经验证据支持。

上述结论对于如何优化调整当前我国的环境规制政策具有良好的启示意义。就本章内容的研究结论来看,环境规制政策会产生一定的经济代价,但这种代价随着规制力度的增强而逐渐减少,这为我们在发展经济和生态文明建设之间取得良好平衡提供了一个可行的思路,即适当加强环境规制力度,并将其控制在突破 U 型曲线拐点后的合理区间内。

第五章
市场激励型环境规制政策
对 TFP 的影响

第四章主要考察了命令控制型环境规制政策对 TFP 的影响及其理论机制,本章着重考察市场激励型环境规制政策的经济影响。市场激励型环境规制政策的核心思想在于,它试图通过市场手段以达到控制污染排放、减轻环境污染的目的。1920 年,英国经济学家庇古(Pigou)提出对污染排放者征税用以弥补污染排放造成私人成本与社会成本的差距。事实上,"庇古税"就属于市场激励型环境规制政策的范畴,其在中国的法律基础源于 1979 年《环境保护法(试行)》明文规定的"排污收费制度"。1982 年 7 月,在全国范围内正式施行排污收费(详见前文)。此外,市场激励型环境规制还包括其他市场手段,例如,污染减排补贴、排污权交易、押金返还制度等。与基于行政手段直接干预企业减少污染排放的命令控制型环境规制政策不同,市场激励型环境规制政策更侧重以间接的市场的手段(排污收费、污染减排补贴、排污权交易等)引导企业在生产活动中尽量避免造成环境污染。由此提出如下理论问题:市场激励型环境规制政策对企业行为进而对整个经济会产生怎样的影响?要素配置机制在其中如何发挥作用？不同市场激励型规制手段的经济影响是否存在显著的差异性？为回答上述问题，本章将市场激励型环境规制政策具体分为排污税费政策、污染减排补贴政策以及环保财政支出政策，①并借鉴上一章的理论分析框架，以中国的现实数据作为参数的基准赋值依据，就市场激励型环境规制政策对要素配置进而对 TFP 的影响及其核心机理进行数值模拟分析，②并依据省级层面的面板数据进行经验验证。

本章余下部分的结构安排如下：第一节主要考察排污税费政策的经济影响及其作用机制；第二节主要考察污染减排补贴政策的经济影响及其作用机制；第三节主要考察环保财政支出政策的经济影响及其作用机制；第四节考察命令控制型和市场激励型环境规制政策的交互影响；第五节实证检验市场激励型环境规制政策对 TFP 的影响；第六节为本章的结论部分。

第一节　排污税费政策理论分析

征收"庇古税"用以控制污染排放是一种常见的市场激励型环境规制手段，目前在世界各国已有广泛的实践。中国的排污收费制度开始于 20

---

① 鉴于排污权交易在我国的实践发展十分缓慢，且难以利用本书的理论模型框架进行刻画，以及由于中国排污交易试点多样性、数据限制等原因，也难以用排污权交易的现实数据进行有效的参数校准，故本章有关市场激励型环境规制政策的理论分析中未考察排污权交易的影响。此外，需要说明的是：污染减排补贴、环保财政支出本质上是排污税费政策的延伸。

② 为确保市场激励型环境规制政策理论分析的独立性和完整性，避免不同章节之间表达式的混淆引用，更好地与第四章的理论分析内容进行区分，我们在第一节简要列出了本章模型框架的基本内容，且第二节和第三节依然遵循该模型框架，但不再重复说明其含义。

世纪 70 年代末,2018 年 1 月实行费改税,届时全国正式开征环境保护税。在长达 40 余年的时间里,排污税费政策以市场手段调控污染排放的方式成为命令控制型环境规制政策的重要补充和支持力量,同时也在一定程度上对经济发展产生影响。因此,结合中国的现实数据,本节旨在深入考察排污税费政策对 TFP 的影响及其作用机制。

一、模型框架

本节构建一个包含排污税费的异质性企业家模型。模型涉及的经济主体包括政府、工人和企业家。政府负责制定并实施排污税费政策。工人不存在差异且不存在储蓄(Moll,2014),t 期总量为 N_t。企业家是异质性的,体现在他们的资产 a_{it}(i 指代个体)和生产率 z_{it}(创新能力、管理技能等企业家能力)不同——a_{it} 取决于企业家的财富积累,进而取决于他们的生产和储蓄行为;z_{it} 为随机的,服从一个连续时间的 Markov 过程:

$$\mathrm{d}z_{it} = \mu(z_{it})\mathrm{d}t + \sigma(z_{it})\mathrm{d}W_t \tag{5.1}$$

其中,$\mu(z_{it})$ 为漂移项,$\sigma(z_{it})$ 为扩散项,W_t 为布朗运动。a_{it} 和 z_{it} 的联合分布函数为 $G(a,z)$,边际分布函数为 $g(a,z)$。企业家偏好为:

$$E_0 \int_0^\infty e^{-\rho t} u(c_{it})\mathrm{d}t,\ u(c_{it}) = c_{it}^{1-\eta}/(1-\eta),\ \eta,\ \rho > 0 \tag{5.2}$$

其中,E_0 为零期期望算子,ρ 为贴现率,$1/\eta$ 为消费跨时替代弹性,c_{it} 为企业家消费。

每个企业家经营一个企业。本节采用如下形式的企业生产函数[详

见(4.3)式]:

$$y_{it} = f(z_{it}, k_{it}, l_{it}, m_{it}) = [(z_{it}k_{it})^{\alpha} l_{it}^{1-\alpha}]^{\upsilon} m_{it}^{1-\upsilon} \left(\frac{\bar{M}}{M_t}\right)^{\gamma} \quad (5.3)$$

其中，$\alpha, \upsilon \in (0, 1)$，$\gamma \geqslant 0$，$\bar{M} > 0$，$y_{it}$ 为企业产出，k_{it}、l_{it} 和 m_{it} 分别为企业的资本、劳动和环境要素投入（污染排放）。$M_t = \int m_{it} dG(a, z)$ 为整个经济的环境要素总投入（污染排放总量），$\bar{M}$ 为环境要素的最大值（可承受的最大污染排放量），$\bar{M}/M_t$ 则刻画了环境总体质量状况。γ 为环境质量外部性参数，捕捉了环境质量对企业生产的影响。

企业家面临的环境规制（即污染排放约束）方程为：

$$m_{it} \leqslant k_{it}^{\beta}/\theta_t, \ \beta \in (0, 1], \ \theta_t > 0 \quad (5.4)$$

其中，θ_t 刻画了命令控制型环境规制力度（θ_t 越大，意味着规制力度越大），β 则代表了另一类规制参数（环境自然约束、环保技术标准等）[详见第四章(4.4)式]。值得注意的是：本章考察市场激励型环境规制政策，但污染排放约束依然引入了命令控制型规制参数 θ_t，这不仅有利于增强理论模型的现实性，也为后续研究两种规制政策的交互影响奠定基础。

企业家资产积累方程为：

$$da_{it}/dt = s_{it}(a_{it}, z_{it}, \theta_t) = \Pi_{it}(a_{it}, z_{it}, \theta_t) + r_t^d a_{it} - c_{it} \quad (5.5)$$

其中，$s_{it}(a_{it}, z_{it}, \theta_t)$ 为企业家储蓄，$\Pi_{it}(a_{it}, z_{it}, \theta_t) = y_{it} - w_t l_{it} - (r_t^l + \delta_t)k_{it} - \tau_t^m \tilde{m}_{it}$ 为企业利润；w_t 为工资率，δ_t 为折旧率，r_t^l 和 r_t^d 分别为资本租金率（信贷利率）和资产利息率（储蓄利率）；$r_t^l = r_t^d/(1-\xi)$，$\xi \in [0, 1)$ 为存贷利差参数；τ_t^m 为排污税率；$\tilde{m}_{it} = k_{it}/\theta_t$，刻画了污染排放量——考

虑到 $\tau_t^m m_{it} = \tau_t^m k_{it}^\beta / \theta_t$，在最大化利润方程中求不出最优物质资本投入 k_{it}^u 的显示解，并且数值模拟过程中也得不到唯一解（存在多个复数解），因此，为求得显示解以及考虑到数值模拟的可行性，我们采取 $\tau_t^m \tilde{m}_{it} = \tau_t^m k_{it} / \theta_t$ 的形式来刻画排污税[即污染排放约束(5.4)式 $\beta=1$ 的情形]，其本质上是对资本征税，资本税率为 τ_t^m / θ_t。此外，企业家还面临抵押信贷约束：

$$k_{it} \leqslant \lambda a_{it}, \ \lambda \geqslant 1 \tag{5.6}$$

二、企业家优化问题

求解企业家利润最大化问题可得最优的劳动、资本投入和产出：

$$l_{it}(a_{it}, z_{it}, \theta_t) = \psi_t \left[\theta_t^{v-1} z_{it}^{av} k_{it}^{av+\beta(1-v)} \right]^{\frac{1}{1-(1-a)v}} \tag{5.7}$$

$$k_{it}(a_{it}, z_{it}, \theta_t) = \min(k_{it}^u(z_{it}, \theta_t), \lambda a_{it})$$

$$= \begin{cases} \pi_t \theta_t^{1/(\beta-1)} z_{it}^{av/[(1-\beta)(1-v)]}, & z_{it} < \underline{z}_{it} \\ \lambda a_{it}, & z_{it} \geqslant \underline{z}_{it} \end{cases} \tag{5.8}$$

$$y_{it}(a_{it}, z_{it}, \theta_t) = \psi_t^{(1-a)v} \left[\theta_t^{v-1} z_{it}^{av} k_{it}^{av+\beta(1-v)} \right]^{\frac{1}{1-(1-a)v}} \left(\frac{\overline{M}}{M_t} \right)^\gamma \tag{5.9}$$

其中，$\pi_t = \left[\left(\dfrac{av+\beta(1-v)}{r_t^l + \delta_t + \tau_t^m/\theta_t} \right)^{1-(1-a)v} \left(\dfrac{(1-a)v}{w_t} \right)^{(1-a)v} \left(\dfrac{\overline{M}}{M_t} \right)^\gamma \right]^{1/[(1-\beta)(1-v)]}$；

$\psi_t = \left[\left(\dfrac{(1-a)v}{w_t} \right) \left(\dfrac{\overline{M}}{M_t} \right)^\gamma \right]^{1/[1-(1-a)v]}$，$\underline{z}_{it} = \left(\dfrac{\lambda a_{it}}{\pi_t} \right)^{\frac{(1-\beta)(1-v)}{av}} \theta_t^{\frac{1-v}{av}}$。

(5.8)式给出企业家投资函数，具有较高生产率($z_{it} \geqslant \underline{z}_{it}$)的企业家受到信贷约束而无法取得最优资本投入。$\underline{z}_{it}$ 越小，意味着信贷受限企业越多，经济中存在资本错配程度越高，进而导致 TFP 的损失越大。与 θ_t 类似，τ_t^m 对 $\underline{z}_{it}$ 既具有直接影响，也会通过影响企业生产成本（排污税、要素价格）进而影响 a_{it}，从而对 $\underline{z}_{it}$ 产生间接影响。但容易发现，相较于直接影响企业生产的 θ_t［见(5.3)式］而言，τ_t^m 对整个经济的影响更为间接，影响程度可能会更小（详见数值模拟分析）。

在(5.5)—(5.9)式的约束下，企业家选择消费以最大化预期效用，则有如下 Bellman 方程和一阶最优条件：

$$\rho V_{it}(a_{it}, z_{it}, \theta_t) = \max_{c_{it}} u(c_{it}) + \frac{\partial}{\partial a}[V_{it}(a_{it}, z_{it}, \theta_t) s_{it}(a_{it}, z_{it}, \theta_t)]$$

$$+ \frac{\partial}{\partial z}[V_{it}(a_{it}, z_{it}, \theta_t) \mu(z_{it})]$$

$$+ \frac{1}{2} \frac{\partial^2}{\partial z^2}[V_{it}(a_{it}, z_{it}, \theta_t) \sigma^2(z_{it})]$$

$$+ \frac{\partial}{\partial t} V_{it}(a_{it}, z_{it}, \theta_t) \tag{5.10}$$

$$c_{it}(a_{it}, z_{it}, \theta_t) = \left[\frac{\partial V_{it}(a_{it}, z_{it}, \theta_t)}{\partial a}\right]^{-1/\eta} \tag{5.11}$$

其中，$V_{it}(a_{it}, z_{it}, \theta_t)$ 为值函数。

三、市场均衡与经济总量

经济均衡时，资本市场和劳动市场出清以及政府预算平衡条件如下：

$$K_t = \int k_{it}(a_{it}, z_{it}, \theta_t) \mathrm{d}G(a, z) = \int a_{it} \mathrm{d}G(a, z) \tag{5.12}$$

$$L_t = \int l_{it}(a_{it}, z_{it}, \theta_t) \mathrm{d}G(a, z) = N_t \tag{5.13}$$

$$G_t = \int \tau_t^m \widetilde{m}_{it} \mathrm{d}G(a, z) \tag{5.14}$$

其中,K_t 为总资本,L_t 为总劳动,G_t 为政府总支出。①进而,可得总量生产函数为:

$$Y_t = Z_t (K_t^a L_t^{1-a})^v \widetilde{M}_t^{1-v} \left(\frac{\overline{M}}{M_t}\right)^\gamma \tag{5.15}$$

$$Z_t = \Phi(\lambda, \underline{z}_{it}) \left[\int\int_0^\infty \int_0^z z_{it}^{\frac{av}{(1-\beta)(1-v)}} g(a, z) \mathrm{d}z \mathrm{d}a\right]^{(1-\beta)(1-v)} \tag{5.16}$$

其中,$Y_t = \int y_{it}(a_{it}, z_{it}, \theta_t) \mathrm{d}G(a, z)$ 为经济总产出,$\widetilde{M}_t = K_t^\beta/\theta_t$。$Z_t$ 为整个经济的 TFP,$\Phi_t(\lambda, \underline{z}_{it}) = [1-\lambda(1-\Theta_t(\underline{z}_{it}))+\lambda\Omega_t(\underline{z}_{it})]^{1-(1-a)v}/[1-\lambda(1-\Theta_t(\underline{z}_{it}))]^{(1-\beta)(1-v)}$。②

非信贷受限企业家的累计资产份额为:

$$\Theta_t(\underline{z}_{it}) = \frac{1}{K_t} \int_0^{\underline{z}} \int_0^\infty a_{it} g(a, z) \mathrm{d}a \mathrm{d}z$$

信贷受限企业家的累计资产损失份额为:

$$\Omega_t(\underline{z}_{it}) = \frac{1}{K_t} \int_0^\infty \int_{\underline{z}}^\infty (z_{it}/\underline{z}_{it})^{\frac{av}{[1-(1-a)v]}} a_{it} g(a, z) \mathrm{d}z \mathrm{d}a$$

由此可见,排污税费政策亦可通过影响 $\underline{z}_{it}$ 进而影响整个经济的 TFP。

总物质资本积累方程和要素价格为:

$$\mathrm{d}K_t/\mathrm{d}t = [1-(1-a)v]Y_t - (\xi r_t^l + \delta_t + \tau_t^m/\theta_t)K_t - C_t \tag{5.17}$$

$$w_t = (1-a)v Z_t K_t^{av} L_t^{(1-a)v-1} \widetilde{M}_t^{1-v} \left(\frac{\overline{M}}{M_t}\right)^\gamma \tag{5.18}$$

---

① 这里未考虑政府支出的影响,详见后文分析(污染减排补贴和环保财政支出的经济影响)。

② 其表达式形式以及具体含义与第四章一致,详见第四章第一节内容。

$$r_t^l = [\alpha\upsilon + \beta(1-\upsilon)]\zeta_t Z_t K_t^{\alpha\upsilon-1} L_t^{(1-\alpha)\upsilon} \widetilde{M}_t^{1-\upsilon} \left(\frac{\overline{M}}{M_t}\right)^\gamma - \frac{\tau_t^m}{\theta_t} - \delta_t \quad (5.19)$$

其中,$\zeta_t = [1 - \lambda(1 - \Theta_t(\underline{z}_{it})) + \lambda\Omega_t(\underline{z}_{it})]^{-1}$, $C_t = \int c_{it}(a_{it}, z_{it}, \theta_t) \mathrm{d}G(a, z)$ 为企业家总消费,$\xi_t r_t^l K_t$ 为存贷利差导致的资本损失,$\tau_t^m K_t / \theta_t = \int \tau_t^m \widetilde{m}_{it} \mathrm{d}G(a, z)$ 为排污税导致的资本损失:τ_t^m 越大,则越不利于总资本的积累。此外,τ_t^m 增加会导致资本租金率下降[见(5.19)式]:由前文设定可知,排污税费本质上是对资本征税(税率为 τ_t^m/θ_t),故 τ_t^m 增加降低了生产率低于阈值($z_{it} < \underline{z}_{it}$)企业家的资本需求[见(5.8)式],从而降低了资本租金率。

沿用上一章的假设,边际分布函数 $g(a, z)$ 由如下 Kolmogorov 向前方程给出:

$$\frac{\partial g(a, z)}{\partial t} = -\frac{\partial}{\partial a}[s_{it}(a_{it}, z_{it}, \theta_t)g(a, z)] - \frac{\partial}{\partial z}[\mu(z_{it})g(a, z)]$$

$$+ \frac{1}{2}\frac{\partial^2}{\partial z^2}[\sigma^2(z_{it})g(a, z)] \quad (5.20)$$

这样,在排污税率 τ_t^m、θ_t 外生给定、企业家生产率 z_{it} 由(5.1)式给定和边际分布函数 $g(a, z)$ 由(5.20)式给定的情况下,经济均衡由满足(5.10)—(5.20)式的 $\{Y_t, Z_t, K_t, L_t, M_t, V_t, C_t, w_t, r_t^l\}$ 刻画。

四、数值模拟分析

沿用上一章的方法,我们仍利用 Achdou 等(2022)的隐性-迎风算法(implicit-upwind scheme)进行数值求解,具体步骤详见前文介绍。但需要注意的是:本节模型引入排污税费,故在数值求解过程中不仅要求劳动市场和资本市场出清以及污染总排放供求相等,还需要求满足政府预算平衡条件,这主要通过调整税率的取值来实现(详见第二节以及第三节)。由于本节模型只考察单一排污税费政策的影响(并未考察支出政策的影响),因此在数值模拟过程中我们将总支出直接设定为与排污税费相等的值以确保政府预算平衡。

(1)参数设定。模型参数均依据中国现实数据和相关文献进行赋值。因此,沿用上章的参数设定,[①]我们将劳动力总量 N 和环境要素最大值 $\bar{M}$ 都正规化为1,环境资本产出弹性 $1-\upsilon$ 设为 0.16,α 设为 0.53,环境质量外部性参数 γ 设为 0.014,相对风险厌恶因子 η 设为2,折旧率 δ 设为 0.06,贴现率 ρ 设为 0.41,存贷利差参数 ξ 设为 0.424,信贷约束参数 λ 设为 1.14。

为便于参数化,我们把(5.1)式具体化为: $\mathrm{d}\log z_{it}=-\epsilon\log z_{it}\,\mathrm{d}t+\sigma\mathrm{d}W$,并将 ϵ 和 σ 分别设为 0.49 和 1.1。为深入考察排污税费政策对 TFP 的影响,我们将 θ 设为1,此时意味着命令控制型环境规制力度很弱。为了简便起见,我们不考虑 $\theta<1$ 的情形:此时政府规制力度更弱,甚至变相鼓励企业过度使用环境资源、过度排放污染。[②]我们将强度标准参数 β 设为 0.04,使模型关于资本租金率(资本回报率)的预测值与现实数据(即 15%)匹配。最后,依据 1995—2015 年排污费征收额与 GDP 比值的平均值,我们将排污税率 τ^m 设为 0.05%,并考察 τ^m 变化的影响。[③]

---

① 有关参数的具体校准过程,详见第四章数值模拟分析。

② 后文将考察污染减排补贴政策和环保财政支出政策的经济影响,数值模拟分析中将沿用此做法。

③ 数据来源:国家统计局,http://www.stats.gov.cn。

（2）TFP效应。图5.1给出排污税率 τ^m 变化对TFP以及总产出Y、工资率 w 和资本租金率 r^l 的影响。①图5.1给出的数值模拟的结果显示：τ^m 增加，有利于提升TFP[见图5.1(a)]，但对总产出、工资率和资本租金率具有负影响[见图5.1(b)]。究其原因：与前文理论分析的逻辑一致（详见第四章），TFP损失主要源于信贷受限（高生产率）企业家因信贷约束而无法获得最优的资本投入，而企业家可通过自身财富积累（即自融资机制）来缓解信贷约束导致的要素配置扭曲进而提升TFP。排污税费影响TFP的核心原因也在于此——其可影响企业家财富积累进而改变企业间的要素配置：一方面，τ^m 增加直接会增加环境要素（污染排放）的使用成本、抑制环境要素投入，对企业生产具有负效应，从而不利于企业家财富积累；另一方面，τ^m 增加有助于（矫正环境污染的负外部性）改善环境质量、降低其他要素价格（工资率和资本租金率），对企业生产具有正效应，从而有利于企业家财富积累。

正是在以上两种效应的共同作用下，排污税费政策对TFP具有正影响，而对总产出、工资率和资本租金率则具有负影响，且对资本租金率的影响尤为明显——随着 τ^m 增加至0.18，r^l 几乎趋近于零，这与前文的机制分析一致[见(5.19)式]。数值模拟的结果还表明：排污税费政策的TFP效应和总产出效应都较弱，这说明相较于直接限制污染排放的命令控制型环境规制政策（见第四章图4.1），市场激励型（排污收费）规制政策对经济产生的影响较弱。此外，容易发现：在模拟区间内，相较于命令控制型环境规制力度 θ 变化产生的非线性影响，排污税费政策对TFP、总产

---

① 为使数值有意义，这里将TFP和总产出进行标准化处理，即除以基准（参数均取基准值时）的TFP和总产出，后文图中涉及TFP和总产出都做类似处理。

出以及要素价格的影响都是线性（或接近线性）的，这可能源于排污税率的线性设定（$\partial \Pi_{it} / \partial \tau^m = -k_t / \theta_t$）。

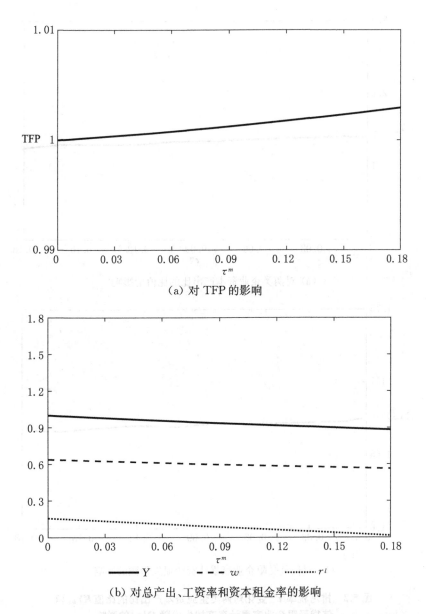

（a）对 TFP 的影响

（b）对总产出、工资率和资本租金率的影响

图 5.1　排污税率 τ^m 变化对 TFP、总产出 Y、工资率 w 和资本租金率 r^l 的影响

为进一步考察排污税费政策对 TFP 影响的核心机理,即它对企业间要素配置的影响。借鉴前文的做法,我们以如下两个变量来刻画企业间

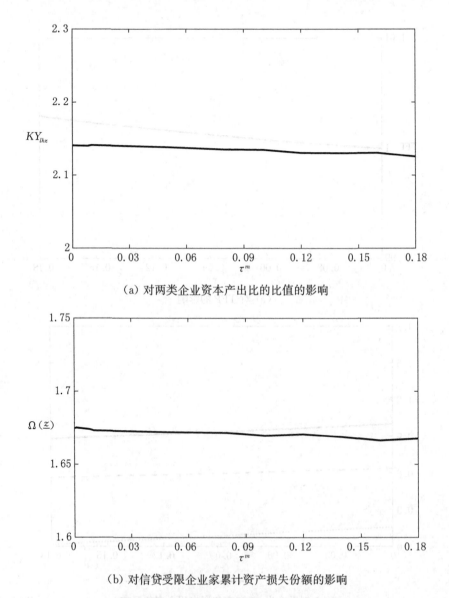

（a）对两类企业资本产出比的比值的影响

（b）对信贷受限企业家累计资产损失份额的影响

图 5.2　排污税率 τ^m 变化对两类企业资本产出比的比值 KY_{lhz} 和信贷受限企业家累计资产损失份额 $\Omega(\underline{z})$ 的影响

的资本错配程度：（1）两类企业资本产出比的比值 KY_{lhz}；①（2）信贷受限企业家累计资产损失份额 $\Omega(\underline{z})$。若 KY_{lhz} 和 $\Omega(\underline{z})$ 越小，则说明企业间的资本错配程度越轻，TFP 的损失就越小，反之亦然。

图 5.2 给出的数值模拟结果显示：随着 τ^m 增加，KY_{lhz} 和 $\Omega(\underline{z})$ 的值都呈较弱的递减趋势（曲线非常平缓），这说明对污染排放征税在一定程度上改善了企业间的要素配置效率，进而有利于提升 TFP，但提升力度较弱。这很好地契合了上述"排污税费对 TFP 具有正影响且 TFP 效应较弱"的基本结论，证实了排污税费对企业间要素配置的影响是其影响TFP 的重要渠道。值得注意的是：KY_{lhz} 呈递减趋势，但它的值却远大于1［见图 5.2（a）］。换言之，尽管征收排污税能够有效改善企业间的要素配置效率，但依然存在较多高生产率企业家更倾向从事劳动密集型产业（即企图通过雇用更多劳动用以弥补投资的不足），企业之间依然存在较严重的要素配置扭曲，这也为"排污税费的弱 TFP 效应"提供了支持证据。

上述机制分析表明：就要素配置角度而言，采用单一手段的排污税费政策能有效矫正污染的负外部性（直接表现为环境质量状况变得更好，即$\bar{M}/M_t$ 随着 τ^m 增加而变大），对 TFP 具有正影响，同时降低了总产出水平，但总体上来说，它对整个经济的影响较弱。

第二节　减排补贴政策理论分析

实践中，为促使企业家更好地遵守命令控制型环境规制，政府往往会

---

①　即非信贷受限企业与信贷受限企业资本产出比的比值。

给予守规企业财政补贴以弥补环境规制给企业生产经营造成的损失（或对违规企业进行罚款，从理论上讲，二者是等价的），[①]同时，这也会对面临不同激励的企业家的行为产生影响，进而影响整个经济的 TFP。因此，本节在上一节理论模型的基础上进行拓展，深入考察污染减排补贴政策对 TFP 的影响及其作用机制。

一、理论模型

（1）模型框架以及企业家优化问题。[②]从激励相容角度而言，命令控制型环境规制力度越大可能对企业产出的负影响就会越大，故随着规制力度的增加，企业家违规的可能性也会倾向于增加。因此，我们假定政府给予守规企业的补贴力度是累进的（即 θ_t 越大，φ_t 倾向于越大，$\varphi_t \geqslant 0$ 为补贴率），故不妨令 $\varphi_t = q\theta_t$（$q > 0$ 为常数），企业获得的污染减排补贴资金为 $\varphi_t y_{it}$。值得注意的是：由于本节考察的是引入污染减排补贴（市场激励型环境规制）政策的经济效应，为了避免命令控制型环境规制政策的干扰，数值模拟中我们仍然将 θ 的取值设为1（详见前文分析）。因此，本节中引入的污染减排补贴力度只跟企业的产出规模有关。

为了简化分析，我们进一步假设补贴资金来自排污税，这相当于对环境要素（污染排放）征收使用费，是一种较好的融资方式，而排污税率 τ_t^m

---

① 也可以理解为，政府给予企业补贴用以提高企业污染减排效率，减少企业减排成本。事实上，2007 年修订的《中华人民共和国节约能源法》第五章"激励措施"中第六十一条规定，"国家通过财政补贴支持节能照明器具等节能产品的推广和使用"（这对于需要大规模照明的污染企业而言是极为有利的）；第六十三条规定，"国家运用税收等政策，鼓励先进节能技术、设备的进口，控制在生产过程中耗能高、污染重的产品的出口"。上述规定为减排补贴政策提供法律依据。

② 模型框架部分的基础设定与前文一致[详见(5.1)—(5.6)式]。

随着 φ_t 变化以确保政府预算平衡。[①]由于本节理论模型是一个连续时间的理性主体跨时优化模型，李嘉图等价定理成立，故这里不考虑政府债务。

基于上述假定，我们可得企业家的利润函数变为：

$$\Pi_{it}(a_{it}, z_{it}, \theta_t) = (1+\varphi_t)y_{it} - w_t l_{it} - (r_t^l + \delta_t)k_{it} - \tau_t^m \tilde{m}_{it} \quad (5.21)$$

以上给出的企业利润函数可以直观地出反映一个典型事实：污染减排补贴有利于增加企业利润。虽然 φ_t 是同质的，但每个企业家获得的补贴力度是异质性的，其大小还取决于企业的产出规模。因此，每个企业家面临的激励也不一样。由此，求解企业家利润最大化问题可得最优劳动、资本投入和产出：

$$l_{it}(a_{it}, z_{it}, \theta_t) = \psi_t \left[\theta_t^{v-1} z_{it}^{\alpha v} k_{it}^{\alpha v + \beta(1-v)} \right]^{\frac{1}{1-(1-\alpha)v}} \quad (5.22)$$

$$k_{it}(a_{it}, z_{it}, \theta_t) = \min(k_{it}^u(z_{it}, \theta_t), \lambda a_{it})$$

$$= \begin{cases} \pi_t \theta_t^{1/(\beta-1)} z_{it}^{\alpha v/[(1-\beta)(1-v)]}, & z_{it} < \underline{z}_{it} \\ \lambda a_{it}, & z_{it} \geqslant \underline{z}_{it} \end{cases} \quad (5.23)$$

$$y_{it}(a_{it}, z_{it}, \theta_t) = \psi_t^{(1-\alpha)v} \left[\theta_t^{v-1} z_{it}^{\alpha v} k_{it}^{\alpha v + \beta(1-v)} \right]^{\frac{1}{1-(1-\alpha)v}} \left(\frac{\overline{M}}{M_t} \right)^{\gamma} \quad (5.24)$$

其中，

$$\pi_t = \left[(1+\varphi_t) \left(\frac{\alpha v + \beta(1-v)}{r_t^l + \delta_t + \tau_t^m/\theta_t} \right)^{1-(1-\alpha)v} \left(\frac{(1-\alpha)v}{w_t} \right)^{(1-\alpha)v} \left(\frac{\overline{M}}{M_t} \right)^{\gamma} \right]^{1/[(1-\beta)(1-v)]};$$

$$\psi_t = \left[(1+\varphi_t) \left(\frac{(1-\alpha)v}{w_t} \right) \left(\frac{\overline{M}}{M_t} \right)^{\gamma} \right]^{1/[1-(1-\alpha)v]}, \quad \underline{z}_{it} = \left(\frac{\lambda a_{it}}{\pi_t} \right)^{\frac{(1-\beta)(1-v)}{\alpha v}} \theta_t^{\frac{1-v}{\alpha v}}.$$

---

① 事实上，这与中国的实践较一致：2003 年，由中华人民共和国国务院颁布的《排污费征收使用管理条例》规定"所有排污费应用于环境污染防治方面的拨款补助或贷款贴息"。

(5.23)式给出企业投资函数表明,企业家能否取得最优资本投入取决于其自身的生产率阈值($\underline{z}_{it}$):生产率高于其阈值(即 $z_{it} \geqslant \underline{z}_{it}$)的为(高生产率)信贷受限企业家,它们最终的资本投入由自身资产规模(财富积累)a_{it}的大小决定;生产率低于其阈值(即 $z_{it} < \underline{z}_{it}$)的为(低生产率)非信贷受限企业家,它们能够取得最优资本投入。而污染减排补贴影响 $\underline{z}_{it}$ 进而影响企业间的要素配置是其对 TFP 产生影响的重要渠道(详见后文数值模拟分析)。此外,容易发现:引入污染减排补贴,会对企业家的劳动需求产生正向激励,进而刺激企业家雇用更多劳动[见(5.22)式],但企业家最终选择的劳动投入还取决于工资率的大小。在上述约束下,企业家选择消费以最大化预期效用[Bellman 方程和一阶最优条件见(5.10)式和(5.11)式]。

(2) 市场均衡与经济总量。经济均衡时,资本市场和劳动市场出清[见(5.12)式和(5.13)式]。政府预算平衡条件如下:

$$G_t = \int \varphi_t y_{it}(a_{it},\, z_{it},\, \theta_t) \mathrm{d}G(a,\, z) = \varphi_t Y_t = \int \tau_t^m \tilde{m}_{it} \mathrm{d}G(a,\, z)$$

$$(5.25)$$

(5.25)式表明,满足排污税融资以及政府预算平衡条件设定下,补贴总规模与排污税总额应当相等,这意味着补贴力度与征税力度正相关(即提升 φ_t,τ_t^m 也会随之增加)。根据以上经济均衡条件,可得总量生产函数以及 TFP[见(5.15)式和(5.16)式]。[①]总物质资本积累方程和要素价格为:

---

① 尽管该总量生产函数包含了污染减排补贴的影响,但表达形式并未发生变化。因此,这里仍沿用(5.15)式和(5.16)式加以刻画。

$$\mathrm{d}K_t/\mathrm{d}t = (1+\varphi_t)\left[1-(1-\alpha)\upsilon\right]Y_t - (\xi r_t^l + \delta_t + \tau_t^m/\theta_t)K_t - C_t$$

$$(5.26)$$

$$w_t = (1+\varphi_t)(1-\alpha)\upsilon Z_t K_t^{\alpha\upsilon} L_t^{(1-\alpha)\upsilon-1} \widetilde{M}_t^{1-\upsilon}\left(\frac{\overline{M}}{M_t}\right)^\gamma \qquad (5.27)$$

$$r_t^l = (1+\varphi_t)\left[\alpha\upsilon + \beta(1-\upsilon)\right]\zeta_t Z_t K_t^{\alpha\upsilon-1} L_t^{(1-\alpha)\upsilon}\widetilde{M}_t^{1-\upsilon}\left(\frac{\overline{M}}{M_t}\right)^\gamma - \frac{\tau_t^m}{\theta_t} - \delta_t$$

$$(5.28)$$

其中,$\zeta_t = [1-\lambda(1-\Theta_t(\underline{z}_{it})) + \lambda\Omega_t(\underline{z}_{it})]^{-1}$, $C_t = \int c_{it}(a_{it}, z_{it}, \theta_t)\mathrm{d}G(a, z)$ 为企业家总消费,$\xi r_t^l K_t$ 为存贷利差导致的资本损失, $\tau_t^m K_t/\theta_t = \int \tau_t^m \widetilde{m}_{it}\mathrm{d}G(a, z)$ 为排污税导致的资本损失。(5.26)—(5.28)式表明:污染减排补贴有助于促进总资本的积累,同时增加了企业家对劳动和资本要素的需求,因而有助于拉动工资率和资本租金率的上涨;排污税则不利于总资本的积累,对资本租金率具有负影响。本节模型的边际分布函数 $g(a, z)$ 由 Kolmogorov 向前方程给出[见(5.20)式]。

二、数值模拟分析

(1) 参数设定。模型参数均依据中国现实数据和相关文献进行赋值,因此,大部分参数设定与上节的参数设定一致。本节中需要与现实数据匹配而重新设定或调整的参数为污染减排补贴率 φ 以及强度标准参数 β 和信贷约束参数 λ。1998—2007 年,我国规模以上工业企业获得的政府补贴与企业增加值的比值平均为 2.5%。本节只涉及减排补贴,故取一个较居中的值(1.3%)作为减排补贴率的基准赋值,由此可得 $\varphi = 0.013$,此

时排污税率 τ^m 为 1.3%；为更好地使模型关于资本回报率的预测值与现实数据匹配（即 15%），我们将 β 设为 0.1，λ 设为 1.15；其他参数采用基准值（详见前文第四章第一节内容）。然后，考察 φ 变化对 TFP 的影响。

（2）TFP 效应。图 5.3 给出补贴率 φ 变化对 TFP 以及总产出 Y、工资率 w 和资本租金率 r^l 的影响。图 5.3（a）给出数值模拟的结果显示：随着 φ 增加，TFP 呈上升趋势，这说明减排补贴对 TFP 具有较弱的正影响；且相较于单独引入排污税［见图 5.1（a）］，减排补贴的 TFP 效应有所增强（但依然较弱，图中给出的 TFP 效应约为 0.7%）。图 5.3（b）给出数值模拟的结果显示：随着 φ 增加，总产出的变化趋势接近一条水平线，这说明减排补贴对总产出的影响较弱，几乎没有影响；减排补贴对要素价格的影响差异较大，具体表现为对工资率具有正影响（随着 φ 增加，w 也相应增加），而对资本租金率则具有显著负影响（随着 φ 增加，r^l 则随之减小，而当 φ 增加至 0.22，r^l 几乎趋近于零）。

由前文分析可知，减排补贴影响 TFP 的核心原因在于它能够影响企业家财富积累（即自融资机制）进而改变企业间的要素配置效率。而企业家财富积累则主要取决于其利润以及资产规模［见（5.5）式］：一方面减排补贴增加了企业家的收入，对企业产出产生正向激励，因而对企业家财富积累具有直接正影响；另一方面减排补贴扩大了企业家对劳动要素的需求，拉动工资率上涨［见（5.27）式和图 5.3（b）］，这增加了劳动投入成本，因而对企业家财富积累具有间接负影响；但值得注意的是：φ 增加也意味着 τ^m 增加（资本税率 τ^m/θ 越大），则 r^l 越小［见（5.25）式、（5.28）式和图 5.3（b）］，进而减少了资本投入成本，这有利于企业家财富积累。在上述机制的共同作用下，减排补贴对 TFP 产生正影响，而对总产出的影响较弱。模拟结果还显示，与排污税费政策类似，在模拟区间内，污染减排补贴政策对 TFP、总产出以及要素价格的影响都是线性的。

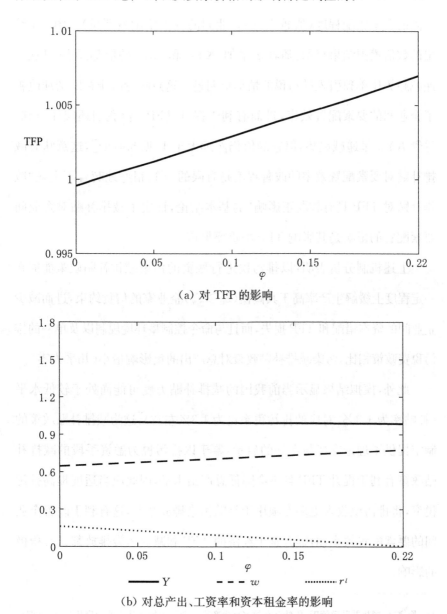

（a）对 TFP 的影响

（b）对总产出、工资率和资本租金率的影响

图 5.3　减排补贴率 φ 变化对 TFP、总产出 Y、工资率 w 和资本租金率 r^l 的影响

图 5.4(a)和图 5.4(b)分别给出 φ 变化对两类企业资本产出比的比值 KY_{lhz} 和信贷受限企业家累计资产损失份额 $\Omega(\underline{z})$ 的影响,它们刻画了企业间的资本错配程度(值越大,则企业间的资本错配越严重)。图 5.4 给出的数值模拟结果显示:随着 φ 增加,KY_{lhz} 和 $\Omega(\underline{z})$ 的值都减小,且这一递减趋势比单独引入排污税的情形更明显。这意味着减排补贴增加改善了企业间的要素配置效率,进而有利于提升 TFP。但我们还应注意到:尽管 KY_{lhz} 呈递减趋势,但它的值仍然远大于 1[见 5.4(a)],这意味着减排补贴对要素配置效率的改善程度是有限的。[1]这很好地契合了上述“减排补贴对 TFP 具有较弱正影响”的基本结论,证实了减排补贴对企业间要素配置的影响是其影响 TFP 的重要渠道。

上述机制分析表明:以排污税进行融资的污染减排补贴政策能够在一定程度上缓解生产率高于其阈值($z_{it} \geqslant \underline{z}_{it}$)企业家的信贷约束,进而减少企业间的资本错配和 TFP 损失,而且与命令控制型环境规制以及单一的排污税费政策相比,污染减排补贴政策对总产出的负影响最小(几乎为零)。

此外,模拟结果显示当前我国的减排补贴力度可能尚处于较低水平(补贴率为 1.3%,对应的排污税率也为 1.3%左右),这为减排补贴政策的制定提供了理论支持与良好的启示:鉴于以排污税为融资手段的减排补贴政策有利于提升 TFP 且不会降低总产出水平,因此应当适度提高排污税率,将排污税收入更多专项用于补贴污染排放企业,这有利于改善企业间的要素配置效率,对提升整个经济的 TFP 和减少污染排放都具有积极的影响。

---

[1] 换言之,减排补贴政策下,依然存在较多高生产率企业家更倾向从事劳动密集型产业(即企图通过雇用更多劳动用以弥补投资的不足),企业之间依然存在较严重的要素配置扭曲。

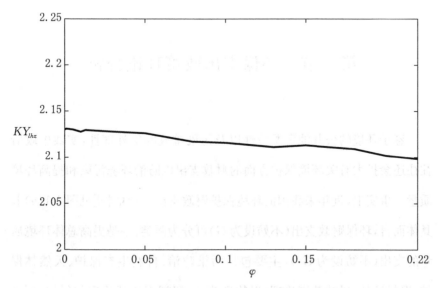

（a）对两类企业资本产出比的比值的影响

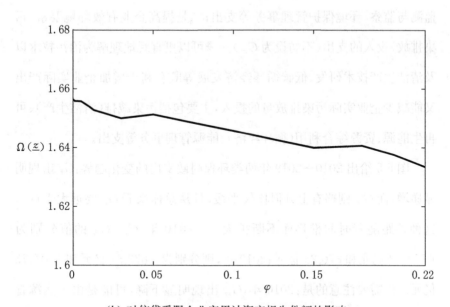

（b）对信贷受限企业家累计资产损失份额的影响

**图 5.4　减排补贴率 φ 变化对两类企业资本产出比的比值 KY_{lhz}
和信贷受限企业家累计资产损失份额 $\Omega(\underline{z})$ 的影响**

第三节　环保支出政策理论分析

鉴于环境的公共池资源特性以及污染排放的负外部性,实践中政府往往还会扩大有关环境保护方面的财政支出以防治环境污染和提高环境质量。事实上,近年来我国的环境保护财政支出持续增长[见图 1.1(a)]。具体而言,环保财政支出(不妨设为 G)可分为两类:一是提高总体环境质量的支出(不妨设为 G_e),主要包括污染防治、自然生态保护、天然林保护、退耕还林、风沙荒漠治理、退牧还草、江河湖库流域治理与保护、环境监测与监察、环境保护管理事务等支出;二是提高企业有效环境要素(污染排放)投入的支出(不妨设为 G_m)——可以更直观地理解为治污技术以及清洁生产技术研发、低碳循环经济发展等既有利于增加企业实际产出又能减少企业实际污染排放量的投入,主要包括污染减排(清洁生产)、可再生能源、资源综合利用(循环经济)、能源管理事务等支出。

图 5.5 给出 2010—2019 年两类环保财政支出的变化趋势:G_e 出现明显递增,而 G_m 则略有上升但比较平缓,且从总体来看 G_e 要远大于 G_m,这种差距随着时间推移而不断扩大——2010 年,G_e、G_m 的值分别为 1 571.73 亿元和 870.25 亿元;2019 年,则分别为 5 873.51 亿元和 1 512.78 亿元。但需要注意的是:2016 年,G_m 出现明显下降,可能是由于能源管理事物支出有较大波动导致的(从 2015 年的 301.33 亿元下降至 2016 年的 151.44 亿元)。

上述数据反映出如下客观事实:2010—2019 年,环保财政总支出整体上呈逐年上升趋势——其中，用于污染防治、生态保护等提高总体环境质量的支出(G_e)一直占据较大比重且明显递增，而用于污染减排（清洁生产）、可再生能源等提高企业有效环境要素（污染排放）投入的支出(G_m)在环保财政总支出中占比较小且上升平缓。

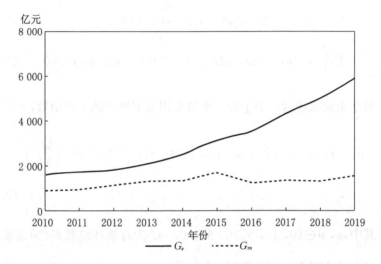

资料来源：国家统计局，http://www.stats.gov.cn。

图 5.5　环境质量支出(G_e)和环境要素投入支出(G_m)的变化趋势

由前文理论分析可知，无论是增加用于提高总体环境质量($\overline{M}/M_t$)的支出，还是增加用于提高企业有效环境要素（污染排放）投入(m_{it})的支出都会对企业生产活动产生正向激励［见(5.3)式］。有鉴于此，本节将环保财政支出视为对污染排放企业的一种特殊补贴，并将它归类到市场激励型环境规制政策。

由此提出如下理论问题：环保财政支出政策是否会对 TFP 产生积极的影响？其核心机理是什么？为深入探讨上述问题，本节构建一个包含两类环保财政支出的异质性企业家模型，并以此为理论框架分析环保财政支出政策的影响。

一、模型框架

遵循前文的基本假定,企业家生产率的随机生成过程以及效用偏好函数如下:

$$\mathrm{d}z_{it} = \mu(z_{it})\mathrm{d}t + \sigma(z_{it})\mathrm{d}W_t \tag{5.29}$$

$$E_0 \int_0^\infty e^{-\alpha} u(c_{it})\mathrm{d}t, \ u(c_{it}) = c_{it}^{1-\eta}/(1-\eta), \ \eta, \ \rho > 0 \tag{5.30}$$

每个企业家经营一个企业。本节采用如下形式的生产函数:

$$y_{it} = f(z_{it}, k_{it}, l_{it}, m_{it}^*) = \left[(z_{it}k_{it})^\alpha l_{it}^{1-\alpha}\right]^v (m_{it}^*)^{1-v}\left(\frac{\bar{M}^*}{M_t}\right)^\gamma$$

$$\tag{5.31}$$

其中,α, $v \in (0, 1)$, $\gamma \geq 0$, $\bar{M} > 0$, m_{it}^* 为有效环境要素(污染排放)投入,$\bar{M}^*$ 为有效最大环境容量,且有:[①]

$$m_{it}^* = G_{mt}^{\kappa_1} m_{it}, \ \bar{M}^* = G_{et}^{\kappa_2} \bar{M}, \ \kappa_1, \ \kappa_2 \in (0, 1), \ G_{mt}, \ G_{et} \geq 0$$

事实上,上述设定基于以后文献的做法:Bovenberg 和 Smulders (1995)将有效环境要素(污染排放)投入设为 $Z_p = hP$, $P > 0$ 为实际污染排放,$h > 0$ 视为一种污染排放扩大技术资本(pollution-augmenting knowledge capital)投入;Nielsen 等(1995)则将有效环境要素(污染排放)投入设为 $p^* = Ap$, $p > 0$ 为实际污染排放,$A > 0$ 为政府减排支出(既能

---

① 从更严格意义上来说,应该设定 G_{mt}, $G_{et} \geq 1$,以确保引入的两类环保财政支出使得 $m_{it}^* \geq m_{it}$ 和 $\bar{M}^* \geq \bar{M}$。但基准设定 G_{mt}, $G_{et} \geq 0$ 能更好地赋予其经济学含义,更能直观地刻画环保财政支出的存在性(详见后文),且本节内容主要考察环保支出变化对 TFP 的影响,故这一设定也不会影响数值模拟分析的结论。

增加企业产出水平，又能减轻环境污染），Bovenberg 和 Mooij（1997）以及 Fullerton 和 Kim（2008）也采用类似设定。本节的模型设定在上述文献基础上做了两个拓展。（1）我们将环境（环保财政）支出分为两类：一类针对个体企业而言，用于增加企业有效环境要素（污染排放）投入（即 G_{mt}），另一类针对整体自然生态而言，用于提升总体环境质量（即 G_{et}）。这不仅增强了理论模型的现实意义，亦可为考察环保财政支出结构对经济的影响奠定基础。（2）引入参数 κ_1，$\kappa_2 \in (0, 1)$，可以较好地刻画两类支出的影响力度，同时捕捉了边际规模报酬递减特征，使模型更具有现实性。

由上述设定可知：G_{mt} 越大，则越有利于提升企业家的有效环境要素投入。这意味着对于同一企业家，相较于不存在用于增加企业有效污染排放的支出（即 $G_{mt} = 0$ 时）的情形，同等实际污染排放量下，$G_{mt} > 0$ 时企业家将具有更高的产出水平，亦可理解为：同等产出水平下，$G_{mt} > 0$ 时，企业家只需较少的实际污染排放量；G_{et} 越大，则越有利于提高环境容量（也可称为环境承载能力），提升总体环境质量状况，进而对企业产出产生正向激励。此外，还可采取如下形式的设定：

$$M_t^* = G_{et}^{-\kappa_2} M_t$$

其中，M_t^* 为有效环境要素总投入（有效污染排放总量），这一设定更加直观，即 G_{et} 用于环境污染治理以减少总污染排放量，但在刻画环境总体质量状况时，两者本质上是等价的，即

$$\bar{M}^* / M_t = G_{et}^{\kappa_2} \bar{M} / M_t = \bar{M} / (G_{et}^{-\kappa_2} M_t) = \bar{M} / M_t^*$$

此外，G_{mt} 和 G_{et} 的影响力度则分别由 κ_1 和 κ_2 加以刻画。值得注意的是：鉴于每个企业家的最优环境要素投入（m_{it}）需求不同，故企业家有

效环境要素投入不仅取决于 G_{mt}，还取决于其本身污染排放规模的大小（G_{mt} 和 m_{it} 越大，则 m_{it}^* 越大），这意味着尽管 G_{mt} 是同质的，但对企业生产的影响存在差异性，进而导致不同企业家面临的生产激励不同——相对于低生产率企业家，高生产率企业家往往存在更高的要素投入需求，G_{mt} 越大越有利于刺激高生产率企业家扩大生产规模，而对低生产率企业家的生产激励可能较弱；G_{et} 则用于提升环境总体质量状况，故对企业生产活动的影响不存在明显差异。基于前文设定，企业家面临的环境规制（即污染排放约束）方程为：

$$m_{it} \leqslant k_{it}^{\beta}/\theta_t, \ \beta \in (0, 1], \ \theta_t > 0 \tag{5.32}$$

为使模型更简洁，我们进一步做出如下改进。令 $\kappa_1 = \kappa_2 = \kappa$，且环保财政总支出为：

$$G_t = G_{mt} + G_{et}$$

其中，$G_{mt} = (1-s_t)G_t$，$G_{et} = s_t G_t$，$s_t \in (0, 1)$ 为环保财政支出结构参数，刻画了用于提高总体环境质量的支出在总支出的占比（即 $s_t = G_{et}/G_t$），将上述表达式以及污染排放紧约束（$m_{it} = k_{it}^{\beta}/\theta_t$）代入（5.31）式可得：

$$y_{it} = \theta_t^{v-1} z_{it}^{av} k_{it}^{av+\beta(1-v)} l_{it}^{(1-a)v} \left(\frac{\overline{M}}{M_t}\right)^{\gamma} \Gamma_t \tag{5.33}$$

其中，$\Gamma_t = G_t^{(1-v+\gamma)\kappa} (1-s_t)^{(1-v)\kappa} s_t^{\gamma\kappa}$。

由（5.33）式可知，Γ_t 刻画了环保财政支出（G_t）及其支出结构对企业产出的影响，参数 $(1-v+\gamma)\kappa$、$(1-v)\kappa$ 和 $\gamma\kappa$ 分别刻画了环保财政支出总规模大小、用于增加企业有效污染排放的支出和用于提高环境总体质量的支出对企业产出的影响力度。

企业家资产积累方程为：

$$\mathrm{d}a_{it}/\mathrm{d}t = s_{it}(a_{it}, z_{it}, \theta_t) = \Pi_{it}(a_{it}, z_{it}, \theta_t) + r_t^d a_{it} - c_{it} \quad (5.34)$$

其中，$s_{it}(a_{it}, z_{it}, \theta_t)$ 为企业家储蓄，$\Pi_{it}(a_{it}, z_{it}, \theta_t) = (1-\tau_t^y)y_{it} - w_t l_{it} - (r_t^l + \delta_t)k_{it}$ 为企业利润。τ_t^y 为产出税率，本节模型只考虑环保财政支出，并假定政府预算平衡，故采用线性产出税进行融资。[①]w_t 为工资率，δ_t 为折旧率，r_t^l 和 r_t^d 分别为资本租金率（借贷利率）和资产利息率（储蓄利率）：$r_t^l = r_t^d/(1-\xi)$。$\xi \in [0, 1)$ 为存贷利差参数。此外，源于（信贷）合约有限执行问题，企业家还面临抵押信贷约束：

$$k_{it} \leqslant \lambda a_{it}, \lambda \geqslant 1 \quad (5.35)$$

金融摩擦参数 ξ 和 λ，从存贷利差和信贷约束两个维度刻画了金融发展水平，构成了企业间资本错配的根源（详见后文分析）。

二、企业家优化问题

求解企业家利润最大化问题可得最优的劳动、资本投入和产出：

$$l_{it}(a_{it}, z_{it}, \theta_t) = \psi_t \big[\theta_t^{v-1} z_{it}^{\alpha v} k_{it}^{\alpha v + \beta(1-v)} \big]^{\frac{1}{1-(1-\alpha)v}} \quad (5.36)$$

$$k_{it}(a_{it}, z_{it}, \theta_t) = \min(k_{it}^u(z_{it}, \theta_t), \lambda a_{it})$$

$$= \begin{cases} \pi_t \theta_t^{1/(\beta-1)} z_{it}^{\alpha v/[(1-\beta)(1-v)]}, & z_{it} < \underline{z}_{it} \\ \lambda a_{it}, & z_{it} \geqslant \underline{z}_{it} \end{cases} \quad (5.37)$$

① 之所以采用线性产出税而非排污税进行融资，也是基于对我国现实国情的考量：根据已有数据的结果显示，1995—2015 年排污费征收总额的均值仅为 119.9 亿元，与 1995—2015 年 GDP 比值的均值约为 0.05%，而 2010—2019 年环保财政支出总额的均值为 4 414.01 亿元，与 2010—2019 年 GDP 比值的均值约为 0.6%，数值上远大于排污费征收总额与 GDP 的比值，故仅靠排污税费不能满足环保财政支出的实际需求，采用产出税融资更具现实性。

$$y_{it}(a_{it}, z_{it}, \theta_t) = \psi_t^{(1-\alpha)\upsilon} \left(\frac{\overline{M}}{M_t}\right)^\gamma \Gamma_t \left[\theta_t^{\upsilon-1} z_{it}^{\alpha\upsilon} k_{it}^{\alpha\upsilon+\beta(1-\upsilon)}\right]^{\frac{1}{[1-(1-\alpha)\upsilon]}} \quad (5.38)$$

其中，

$$\pi_t = \left[(1-\tau_t^y)\left(\frac{\alpha\upsilon+\beta(1-\upsilon)}{r_t^l+\delta_t}\right)^{1-(1-\alpha)\upsilon}\left(\frac{(1-\alpha)\upsilon}{w_t}\right)^{(1-\alpha)\upsilon}\left(\frac{\overline{M}}{M_t}\right)^\gamma \Gamma_t\right]^{1/[(1-\beta)(1-\upsilon)]};$$

$$\psi_t = \left[\left(\frac{(1-\tau_t^y)(1-\alpha)\upsilon}{w_t}\right)\left(\frac{\overline{M}}{M_t}\right)^\gamma \Gamma_t\right]^{1/[1-(1-\alpha)\upsilon]}, \quad \underline{z}_{it} = \left(\frac{\lambda a_{it}}{\pi_t}\right)^{\frac{(1-\beta)(1-\upsilon)}{\alpha\upsilon}} \theta_t^{\frac{1-\upsilon}{\alpha\upsilon}}.$$

由(5.36)—(5.38)式可知，Γ_t 对劳动和资本要素投入进而对企业产出具有正影响，而 τ_t^y 则对企业产出具有负影响。(5.37)式给出企业家投资的分段函数：生产率高于阈值 $\underline{z}_{it}$ 的企业家将面临信贷约束而无法选择最优投资水平，这会导致资本错配和生产率的损失。$\underline{z}_{it}$ 越小，意味着信贷受限企业家越多，资本错配和生产率的损失就越大。环保财政支出政策（G_t）会（通过 π_t）影响最优资本投入规模[见(5.37)式]和企业家财富积累即自融资机制[进而 a_{it}，见(5.34)式、(5.36)式、(5.37)式和(5.38)式]，从而对 $\underline{z}_{it}$ 产生影响，进而对整个经济的 TFP 产生重要影响（详见后文数值模拟分析）。

在(5.34)—(5.38)式的约束下，企业家选择消费以最大化预期效用，则有如下 Bellman 方程和一阶最优条件：

$$\rho V_{it}(a_{it}, z_{it}, \theta_t) = \max_{c_{it}} u(c_{it}) + \frac{\partial}{\partial a}[V_{it}(a_{it}, z_{it}, \theta_t)s_{it}(a_{it}, z_{it}, \theta_t)]$$

$$+ \frac{\partial}{\partial z}[V_{it}(a_{it}, z_{it}, \theta_t)\mu(z_{it})]$$

$$+ \frac{1}{2}\frac{\partial^2}{\partial z^2}[V_{it}(a_{it}, z_{it}, \theta_t)\sigma^2(z_{it})]$$

$$+ \frac{\partial}{\partial t}V_{it}(a_{it}, z_{it}, \theta_t) \quad (5.39)$$

$$c_{it}(a_{it},\ z_{it},\ \theta_t) = \left[\frac{\partial V_{it}(a_{it},\ z_{it},\ \theta_t)}{\partial a}\right]^{-1/\eta} \tag{5.40}$$

其中，$V_{it}(a_{it},\ z_{it},\ \theta_t)$ 为值函数。

三、市场均衡与经济总量

经济均衡时，满足如下资本市场和劳动市场出清以及政府预算平衡条件：

$$K_t = \int k_{it}(a_{it},\ z_{it},\ \theta_t)\mathrm{d}G(a,\ z) = \int a_{it}\mathrm{d}G(a,\ z) \tag{5.41}$$

$$L_t = \int l_{it}(a_{it},\ z_{it},\ \theta_t)\mathrm{d}G(a,\ z) = N_t \tag{5.42}$$

$$G_t = G_{mt} + G_{et} = \int \tau_t^y y_{it}(a_{it},\ z_{it},\ \theta_t)\mathrm{d}G(a,\ z) = \tau_t^y Y_t \tag{5.43}$$

其中，K_t 为总资本，L_t 为总劳动，G_t 为环保财政总支出。进而，可得总量生产函数为：

$$Y_t = Z_t\ (K_t^\alpha L_t^{1-\alpha})^\upsilon \widetilde{M}_t^{1-\upsilon}\left(\frac{\overline{M}}{M_t}\right)^\gamma \Gamma_t \tag{5.44}$$

$$Z_t = \Phi(\lambda,\ \underline{z}_{it})\left[\int_0^\infty\int_0^{\underline{z}} z_{it}^{\frac{\alpha\upsilon}{(1-\beta)(1-\upsilon)}}g(a,\ z)\mathrm{d}z\mathrm{d}a\right]^{(1-\beta)(1-\upsilon)} \tag{5.45}$$

其中，$Y_t = \int y_{it}(a_{it},\ z_{it},\ \theta_t)\mathrm{d}G(a,\ z)$ 为经济总产出，$\widetilde{M}_t = K_t^\beta/\theta_t$。$Z_t$ 为整个经济的 TFP，$\Phi_t(\lambda,\ \underline{z}_{it}) = [1-\lambda(1-\Theta_t(\underline{z}_{it}))+\lambda\Omega_t(\underline{z}_{it})]^{1-(1-\alpha)\upsilon}/$ $[1-\lambda(1-\Theta_t(\underline{z}_{it}))]^{(1-\beta)(1-\upsilon)}$。①

非信贷受限企业家的累计资产份额为：

―――――――

① 其表达式形式以及具体含义与本章第一节一致。

$$\Theta_t(\underline{z}_{it}) = \frac{1}{K_t} \int_0^{\underline{z}} \int_0^{\infty} a_{it} g(a, z) \, \mathrm{d}a \, \mathrm{d}z$$

信贷受限企业家的累计资产损失份额为：

$$\Omega_t(\underline{z}_{it}) = \frac{1}{K_t} \int_0^{\infty} \int_{\underline{z}}^{\infty} (z_{it}/\underline{z}_{it})^{\frac{av}{1-(1-a)v}} a_{it} g(a, z) \, \mathrm{d}z \, \mathrm{d}a$$

(5.44)式和(5.45)式表明,环保财政支出(G_t)会直接影响总产出水平,同时还可影响$\underline{z}_{it}$(见前文分析),进而影响整个经济的 TFP。

总物质资本积累方程和要素价格为：

$$\mathrm{d}K_t/\mathrm{d}t = (1-\tau_t^y)[1-(1-\alpha)v]Y_t - (\xi r_t^l + \delta_t)K_t - C_t \quad (5.46)$$

$$w_t = (1-\tau_t^y)(1-\alpha)v Z_t K_t^{av} L_t^{(1-\alpha)v-1} \widetilde{M}_t^{1-v} \left(\frac{\overline{M}}{M_t}\right)^{\gamma} \Gamma_t \quad (5.47)$$

$$r_t^l = (1-\tau_t^y)[av+\beta(1-v)]\zeta_t Z_t K_t^{av-1} L_t^{(1-\alpha)v} \widetilde{M}_t^{1-v} \left(\frac{\overline{M}}{M_t}\right)^{\gamma} \Gamma_t - \delta_t$$

$$(5.48)$$

其中,$\zeta_t = [1-\lambda(1-\Theta_t(\underline{z}_{it}))+\lambda\Omega_t(\underline{z}_{it})]^{-1}$, $C_t = \int c_{it}(a_{it}, z_{it}, \theta_t)\mathrm{d}G(a, z)$ 为企业家总消费,$\xi r_t^l K_t$为存贷利差导致的资本损失。(5.46)—(5.48)式 表明:环保财政支出有助于(通过Y_t)促进总资本的积累,同时对工资率 和资本租金率具有正影响;而产出税则不利于总资本的积累,对工资率和 资本租金率具有负影响。

最后,边际分布函数$g(a, z)$由如下 Kolmogorov 向前方程给出：

$$\frac{\partial g(a, z)}{\partial t} = -\frac{\partial}{\partial a}[s_{it}(a_{it}, z_{it}, \theta_t)g(a, z)] - \frac{\partial}{\partial z}[\mu(z_{it})g(a, z)]$$

$$+ \frac{1}{2}\frac{\partial^2}{\partial z^2}[\sigma^2(z_{it})g(a, z)] \quad (5.49)$$

这样,在环保财政支出 G_t、θ_t 外生给定、企业家生产率 z_{it} 由(5.29)式给定和边际分布函数 $g(a, z)$ 由(5.49)式给定的情况下,经济均衡由满足(5.39)—(5.49)式的 $\{Y_t, Z_t, K_t, L_t, M_t, V_t, C_t, w_t, r_t^l\}$ 刻画。

四、数值模拟分析

(1) 参数设定。本节中需要与现实数据匹配而重新设定或调整的参数为产出税率 τ^y、环保财政支出结构参数 s、污染排放支出弹性参数 κ 以及强度标准参数 β。依据 2010—2019 年环保财政支出与 GDP 比值的均值,我们将产出税率 τ^y 设为 0.6%;依据 2010—2019 年用于提高总体环境质量的支出(主要包括污染防治、自然生态保护等方面的财政支出)与环保财政总支出比值的均值,我们将环保财政支出结构参数 s 设为 0.69。

对于参数 κ 和 β,目前尚缺乏良好的经验数据和文献依据。本节通过对它们的赋值使如下两个变量的模型预测值与现实数据相匹配:资本产出比和资本租金率(资本回报率)。由前文分析可知,κ 刻画了环保财政支出(G)的影响力度,进而会对总资本积累和总产出产生影响——1998—2007 年,我国规模以上工业企业的平均资本产出比为 1.1,据此将 κ 的基准值设为 0.04;而 β 则对资本租金率的影响更为直接[见(5.48)式],即依据我国资本回报率(15%)将 β 设为 0.12。其他参数采用基准值(详见本章第一节内容)。所有参数采用基准设定时,环保财政支出(G)的模型预测值为 0.008 9。据此,然后考察 G 变化对 TFP 的影响。

（2）TFP 效应。图 5.6 给出环保财政支出 G 变化对 TFP 以及总产出 Y、工资率 w 和资本租金率 r^l 的影响。图 5.6 给出数值模拟的结果显示：环保财政支出 G 增加对 TFP、总产出、工资率和资本租金率均具有负影响，且影响力度较弱（所有曲线都相对平缓）。究其原因：本节理论模型中，环保财政支出对企业家财富积累进而企业间要素配置产生一定影响。一方面环保财政支出通过增加企业有效污染排放和提高总体环境质量、促进企业投资[见(5.33)式、(5.34)式和(5.37)式]，对企业生产具有正向激励作用，进而有利于企业家财富积累；另一方面环保财政支出增加意味着产出税率增加，这会对企业产出进而对企业家财富积累产生间接负影响[见(5.34)式和(5.43)式]。此外，环保财政支出还会通过（产出税率）影响要素投入成本，包括资本租金率和工资率[见(5.47)式和(5.48)式)]，进而对企业家财富积累产生间接影响。正是在上述机制的共同作用下，环保财政支出对 TFP 和总产出具有负影响，且 TFP 效应和总产出效应较弱。

进一步分析可以发现，相较于以排污税进行融资且有利于提升 TFP 的污染减排补贴政策，环保财政支出政策对经济（TFP 和总产出）具有负影响，这可能源于：排污税矫正了企业造成的环境污染所带来的生产负外部性，而减排补贴弥补了企业的税收成本，因而有利于改善企业间要素配置效率进而提升 TFP；而环保财政支出虽然在改善总体环境质量和提高企业有效环境要素投入方面具有积极影响，但这是直接以牺牲企业产出（即缴纳产出税，往往远大于排污税）为代价的，因此相较于环保财政支出对企业产出的正向激励，产出税具有更为直接的负影响，可理解为以"增长换环境"，故对企业家财富积累进而 TFP 产生不利的影响。

事实上，薛钢和陈思霞（2014）利用 2008—2011 年中国地级市面板数据，以各地级市人均环境保护预算财政支出衡量环保财政支出，从实证层面分析了环保财政支出的经济影响，研究表明：环保财政支出对工业企业生产率以及经济增长都具有负影响。黄菁和陈霜华（2011）利用 2003—2007 年中国省际面板数据，以环境污染治理投资（包括企业环境支出和政府环境支出，后者占主导地位）占地区生产总值比重来度量污染治理投份额（可近似理解为本节模型中产出税率），研究表明：污染治理投份额增加对经济增长具有显著负影响，而环境污染治理投资对经济增长具有正影响但很弱，这很好地契合了本节理论分析的结论——就本节理论模型而言，环保财政支出增加与环保财政支出占 GDP 比重增加以及产出税率增加本质上是等价的（源于政府预算平衡条件的假设），而环保财政支出通过影响环境质量和有效环境要素投入对企业产出还具有正向激励（但较弱）。上述基于中国现实数据的实证文献为本节理论分析的结论提供了良好的经验证据，增强了结论的可靠性。

为进一步直观揭示环保财政支出影响要素配置进而影响 TFP 的作用机制，沿用前文的做法，我们引入如下两个变量刻画企业间的资本错配程度（值越大，则企业间的资本错配越严重，TFP 损失越大）：（1）两类企业资本产出比的比值 KY_{lhz}，（2）信贷受限企业家累计资产损失份额 $\Omega(\underline{z})$。图 5.7 给出的数值模拟结果显示：随着环保财政支出 G 增加，KY_{lhz} 和 $\Omega(\underline{z})$ 的值都增大，且这一递增趋势相对平缓，这意味着环保财政支出增加在一定程度加剧了企业间的要素配置扭曲，从而不利于提升 TFP（但这种负效应较弱）。上述机制分析很好地契合了环保财政支出对 TFP 的影响［见图 5.6（a）］，进一步加强了结论的可靠性。

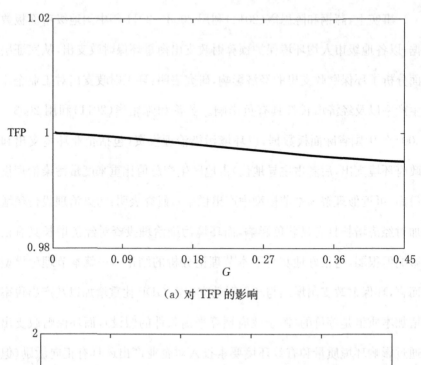

(a) 对 TFP 的影响

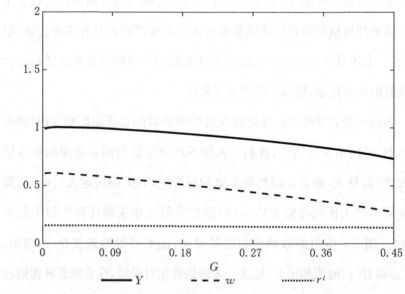

(b) 对总产出、工资率和资本租金率的影响

图 5.6 环保财政支出 G 变化对 TFP、总产出 Y、工资率 w 和资本租金率 r^l 的影响

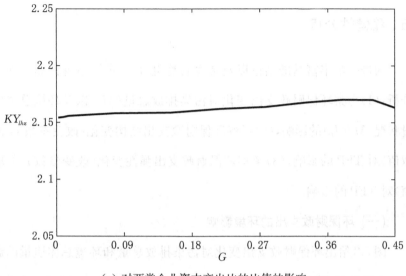

（a）对两类企业资本产出比的比值的影响

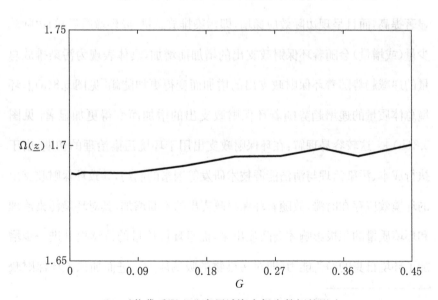

（b）对信贷受限企业家累计资产损失份额的影响

图 5.7　环保财政支出 G 变化对两类企业资本产出比的比值 KY_{lhz}
和信贷受限企业家累计资产损失份额 $\Omega(\underline{z})$ 的影响

五、稳健性分析

为进一步丰富基准结论以及考察其稳健性，[①]我们还进行如下理论分析：(1)考察环保财政支出变化对污染排放总量(M_t)以及环境总体质量状况($\bar{M}/M_t$)的影响，(2)考察环保财政支出结构变化（改变参数 s_t 的取值）对 TFP 的影响，(3)考察环保财政支出弹性变化（改变参数 κ 的取值）对 TFP 的影响。

（一）环保财政支出的环境影响

图 5.8 给出环保财政支出变化对污染排放总量和环境总体质量的影响。不难发现，随着环保财政支出增加，污染排放总量减少，环境总体质量显著提高，而且呈现边际效应递增，即污染排放总量（或环境质量）的边际减少量（或增量）会随着环保财政支出的增加而增加，具体表现为污染排放总量的递减趋势随着环保财政支出的增加而变得更加陡峭［见图 5.8(a)］，环境总体质量的递增趋势随着环保财政支出的增加而变得更加显著［见图 5.8(b)］。这较容易理解：在环保财政支出用于环境污染治理的初期，由于执行成本、污染治理与清洁能源技术研发等因素的制约，导致环保财政支出的环境效应存在时滞，故随着环保财政支出的不断增加，其对环境污染治理和环境质量的积极影响才会凸显出来，而且环境质量的持续提升进一步增加了环境自身的净化能力（即对污染物的吸纳能力），进而加强了环保财政

---

① 值得注意的是，本节稳健性分析并没有考察不同税种融资的影响。原因在于：相对于产出税，企业所得税对企业家财富积累具有更为直接的负影响。故可能会得出如下更为直观的结论：采用企业所得税为环保财政支出筹资，环保财政支出对 TFP 具有更明显的负影响，这一预测结论有待于后续的研究中进一步验证。此外，若采用消费税为环保财政支出进行融资，关于消费税率尚缺乏与之相匹配的现实数据。这里所指的消费税类似于现实经济中的商品服务课税，而非对特定消费（如烟酒）征收的"消费税"。

支出的环境效应。这与臧传琴和陈蒙（2018）利用 2007—2015 年我国省际
环保财政支出数据实证分析得出的结论类似。

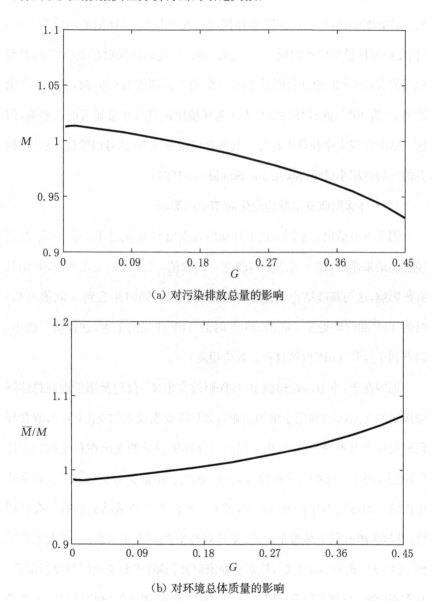

（a）对污染排放总量的影响

（b）对环境总体质量的影响

**图 5.8　环保财政支出 G 变化对污染排放总量 M 以及环境
总体质量状况 $\overline{M}/M$ 的影响**

当然,上述环保财政支出边际递增的环境效应是短期且不持续的,主要有以下两个原因:首先在实践中,环保财政支出不会无限增加。就我国现实经验数据而言,2010—2019 年环保财政支出与 GDP 比值的均值为 0.006(据此将理论模型中产出税率 τ^y 设为 0.6%),此时环保财政支出 G 的模型预测值为 0.008 9,而环保财政支出 G 的模型预测值为 0.45 时,其对应产出税率 τ^y 为 40%,此时环保财政支出对环境质量具有非常显著的正影响,但这一情况在现实中往往不存在。其次环境质量越好,越难以维持,继续再提升的空间就越小(Bovenberg and Smulders,1995)。

(二) 环保财政支出结构变化对 TFP 的影响

图 5.9(a)给出 s 不同取值下环保财政支出 G 变化对 TFP 的影响,数值模拟的结果显示:在一定范围内改变 s 的取值,环保财政支出对 TFP 仍具有负影响,这与基准结论保持了良好的一致性。同时注意到,s 取值为 0.4 时的 TFP 曲线略处于 s 取值为 0.8 时的 TFP 曲线的上方,这说明 s 越小,越有利于提升 TFP(虽然这种正效应很弱)。

原因在于:本节理论模型中,环保财政支出(G)仅包括用于提高总体环境质量的支出(G_e)和用于增加企业有效环境要素投入的支出(G_m),故在环保财政总支出不变条件下,用于提高总体环境质量的支出在总支出的占比(s)越小,则 $1-s$ 越大,进而意味着 G_m 越大。由前文分析可知,G_e 对企业生产活动的影响不存在明显差异,而 G_m 对企业生产激励的影响具有异质性,其越大越有利于刺激企业家(尤其对高生产率企业家而言)扩大生产规模[见(5.31)式和(5.33)式],故对企业家财富积累(进而企业间的要素配置)具有正影响,有利于提升 TFP。这里之所以要强调环保财政总支出不变条件,是为了比较静态分析仅由环保财政支出结构(s)变化对 TFP 的影响。

事实上，G_m 增加还可能是由 G 增加（而非 s 减小）导致的，但这并不有利于提升 TFP（详见基准结论以及后文支出弹性变化对 TFP 的影响分析）。

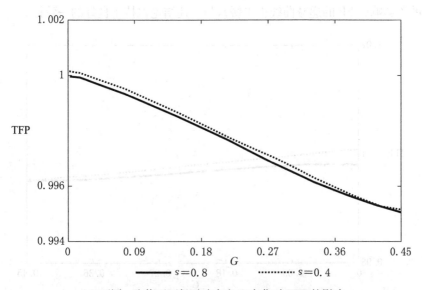

（a）不同 s 取值下环保财政支出 G 变化对 TFP 的影响

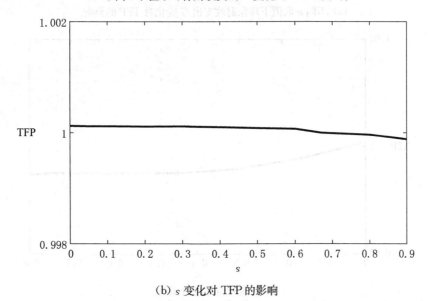

（b）s 变化对 TFP 的影响

图 5.9　不同 ς 取值下（以及环保财政支出 G 变化）对 TFP 的影响

为进一步直观地揭示 s 对 TFP 的影响机理,图 5.9(b)给出其他参数采用基准值时 s 变化对 TFP 的影响,模拟结果表明:s 增加对 TFP 具有较弱的负影响(TFP 的递减曲线很平缓),与上述结论保持了良好的一致性。

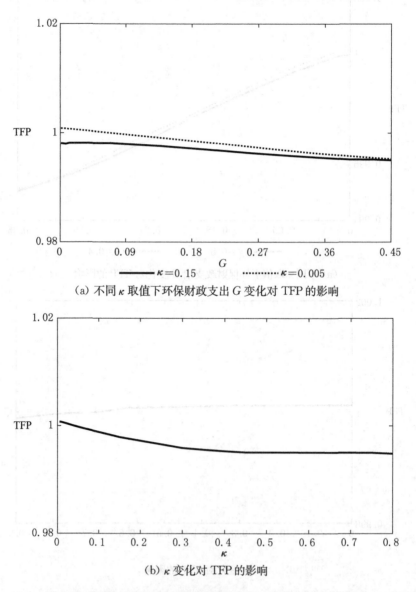

（a）不同 κ 取值下环保财政支出 G 变化对 TFP 的影响

（b）κ 变化对 TFP 的影响

图 5.10　不同 κ 取值下(以及环保财政支出 G 变化)对 TFP 的影响

(三) 环保财政支出弹性变化对 TFP 的影响

图 5.10(a)给出 κ 不同取值下环保财政支出 G 变化对 TFP 的影响,数值模拟的结果显示:在一定范围内改变 κ 的取值,环保财政支出对 TFP 仍具有负影响,与基准结论一致。同时注意到,κ 取值为 0.15 时的 TFP 曲线略处于 κ 取值为 0.005 时的 TFP 曲线的下方,这说明 κ 增加对 TFP 具有较弱的负影响,图 5.10(b)给出的数值模拟结果更直观地证实了这一结论。原因可能在于:κ 越大,既增加了 G 对产出的正影响[见(5.31)式和(5.33)式],进而有利于企业家的财富积累;但同时又推升了要素价格[工资率和资本租金率,见(5.47)式和(5.48)式],增加了企业的生产成本,从而对企业家财富积累产生负影响。正是在这两种效应的共同作用下,κ 增加对 TFP 具有负影响。

第四节　两类规制政策交互影响的理论分析

正如第三章的内容所述,在我国环境规制政策的实践中,不仅包括基于政府干预手段的命令控制型环境规制(即第四章所指的环境规制 θ),也包括基于经济手段的市场激励型环境规制(即本章所指的排污税费、污染减排补贴、环保财政支出等),两种形式的规制手段往往结合在一起使用。而前文的理论建模与数值模拟分析侧重考察了(命令控制型环境规制政策或市场激励型环境规制政策)单一规制政策对 TFP 的影响。为进一步增强理论模型的现实性,后文将考察两种环境规制政策的交互影响。

一、命令控制型环境规制与排污税费变化对 TFP 的影响

以本章第一节的理论模型为基础,我们对参数采取如下赋值:依据

1995—2015 年全国排污费征收总额占 GDP 比值，我们将排污税率 τ^m 设为 0.05%。此外，可作为 τ^m 赋值依据的还有资源税率：1995—2015 年全国资源税征收总额占 GDP 比值为 0.1%，其中原油和天然气的法定税率为 5%。因此，为考察这一设定的稳健性，我们尝试较大范围内变化 τ^m 的取值。我们将 β 设为 0.08，θ 设为 20，使模型关于资本回报率和储蓄率的预测值与现实数据相匹配（即分别为 15% 和 52.7%），其他参数采用基准值。然后，考察 τ^m 不同取值下 θ 变化对 TFP 的影响。

图 5.11(a)给出不同 τ^m 的取值下（命令控制型）环境规制对 TFP 仍具有弱 U 型影响，与第四章的基准结论一致。此外，模拟结果还显示：τ^m 取值为 15% 时 TFP 的 U 型曲线略处于 τ^m 取值为 0.05% 时 TFP 的 U 型曲线的上方。这说明 τ^m 增加，有利于提升 TFP。就企业家自融资机制而言，提高排污税率会对企业家财富积累产生两种影响：一方面，提高排污税率意味着企业的应缴排污税额增加，直接增加了环境要素（污染排放）的使用成本；另一方面，提高排污税率则抑制了企业的污染排放，增强了资本和劳动要素对环境要素的替代效应，也改善了环境质量进而有利于企业生产。因此，这两种效应的交互作用决定了企业家的财富积累。从数值模拟的结果来看，提高排污税率增强了企业家的自融资机制，促进了 TFP 的提升，这很好地契合了"庇古税能有效矫正污染负外部性"的理论机制，但这种矫正效应随着环境规制力度增强而减弱[两条 TFP 的 U 型曲线尾端几乎重叠，见图 5.11(a)]。

图 5.11(b)给出不同 τ^m 的取值下（命令控制型）环境规制对总产出仍具有弱 L 型影响，与第四章的基准结论一致。数值模拟的结果显示：不同 τ^m 的取值下总产出的 L 型曲线重叠，说明 τ^m 变化对总产出的影响较弱。这较容易理解，与引入企业生产固定成本的情形类似[见图 4.11(b)]，排污税费主

要影响企业家的利润以及储蓄行为,且影响程度较弱[见图 5.11(a)],故提高排污税率对总产出的影响很小,上述结论与本章第一节的基准结论一致。

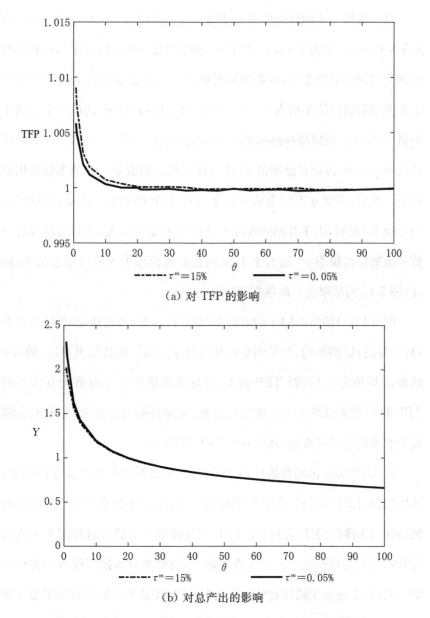

（a）对 TFP 的影响

（b）对总产出的影响

图 5.11　排污税率 τ^m 不同取值(0.05%, 15%)下 θ 变化的影响

二、命令控制型环境规制与减排补贴变化对 TFP 的影响

以本章第二节的理论模型为基础,我们对参数采取如下赋值:我们将 β 设为 0.05,λ 设为 1.18,θ 设为 26,使模型关于资本回报率和储蓄率的预测值与现实数据匹配;依据我国规模以上工业企业获得的政府补贴与企业增加值的比值平均为 2.5%。本节只涉及减排补贴,故取一个较居中的值(1.3%)作为减排补贴率的基准赋值,故将 q 设为 0.05%(污染减排补贴率 $\varphi = q\theta$,再将 θ 设定值 26 代入即可得 q 的取值),其他参数采用基准值。然后,考察 q 不同取值下 θ 变化对 TFP 的影响。值得注意的是,当 q 取 0.1% 时,由于补贴力度随着 θ 增加而变得过大,此时维持政府预算平衡的排污税率 τ^m 远大于 1,从而在数值模拟中求不出稳态结果,因此,图 5.12 的结果将 θ 限制在 75 以内。

图 5.12(a)给出不同 q 的取值下(命令控制型)环境规制对 TFP 具有(较明显的)U 型影响,与第四章的基准结论一致。模拟结果显示:随着 θ 增加,q 取值为 0.1% 时 TFP 的 U 型曲线明显处于 q 取值为 0.05% 时 TFP 的 U 型曲线的上方。原因很直观:减排补贴力度越大,越有利于激发企业家的自融资机制,从而减少 TFP 的损失。

图 5.12(b)给出的数值模拟结果显示:引入减排补贴,(命令控制型)环境规制对总产出仍具有弱 L 型影响,但补贴力度变化对总产出的影响较弱(q 不同取值下两条总产出的 L 型曲线基本重叠),这是因为引入减排补贴并不会对企业产出产生直接影响,与单独引入排污税费的情形类似。而且,上述关于减排补贴率变化对 TFP 和总产出的影响结果很好地契合了本章第二节的基准结论。

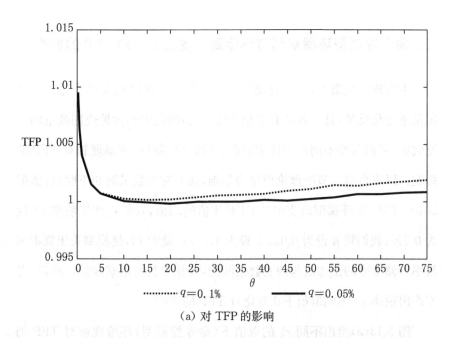

（a）对 TFP 的影响

（b）对总产出的影响

注：图 5.12(b)中的两条曲线重叠。

图 5.12 补贴因子 q 不同取值(0.05%，0.1%)下 θ 变化的影响

三、命令控制型环境规制与环保财政支出变化对 TFP 的影响

本章理论模型中,在政府预算平衡条件下环保财政支出变化可由产出税率变化反映,且二者具有正相关性,为清晰地刻画两种规制政策的交互效应,我们考察不同产出税率情形下(命令控制型)环境规制对 TFP 的影响。以本章第三节的理论模型为基础,我们对参数采取如下赋值:依据 2010—2019 年环保财政支出与 GDP 比值的均值,我们将产出税率 τ^y 设为 0.6%;我们将 β 设为 0.05,λ 设为 1.15,θ 设为 14,使模型关于资本回报率和储蓄率的预测值与现实数据匹配,其他参数采用基准值。然后,考察产出税率 τ^y 不同取值下 θ 变化对 TFP 的影响。

图 5.13(a)给出不同 τ^y 的取值下(命令控制型)环境规制对 TFP 仍具有弱 U 型影响,与第四章的基准结论一致;且产出税率 τ^y 增加对 TFP 具有较弱的负影响(当 τ^y 取值为 15% 时的 TFP 曲线略处于当 τ^y 取值为 0.6% 时的 TFP 曲线的下方),与本章第三节单独考察环保财政支出变化对 TFP 具有较弱负影响的结论一致。

图 5.13(b)给出不同 τ^y 的取值下(命令控制型)环境规制对总产出仍具有弱 L 型影响,与第四章的基准结论一致;且产出税率 τ^y 增加对总产出具有较弱的负影响(当 τ^y 取值为 15% 时的总产出曲线略处于当 τ^y 取值为 0.6% 时的总产出曲线的下方),这也很好地契合了本章第三节单独考察环保财政支出变化对总产出具有较弱负影响的结论。

以上内容分析了(排污税费、减排补贴以及环保财政支出)市场激励型环境规制政策与命令控制型环境规制政策交互变化的情形下对经济(TFP 和总产出)的影响,数值模拟分析的结果与基准结果保持了良好的

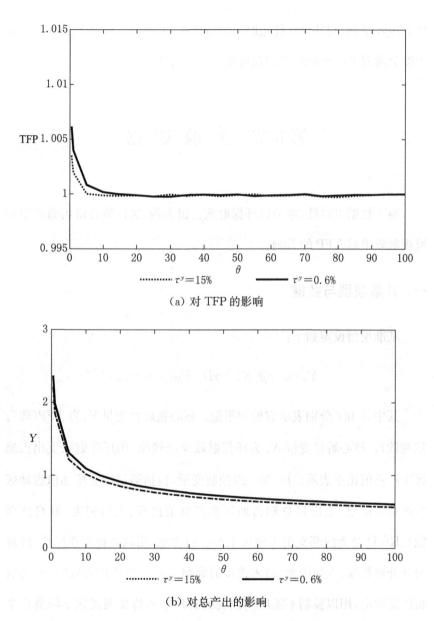

（a）对 TFP 的影响

（b）对总产出的影响

图 5.13 产出税率 τ^y 不同取值(0.6%, 15%)下 θ 变化的影响

一致性，由此得到一个重要的理论启示：就理论层面而言，一个经济体中，命令控制型环境规制与市场激励型环境规制相结合使用时各自对经济产生的边际影响,与其单独使用时对经济产生的边际影响是同向的,但影响力度会随着另一规制政策的强度变化而有所区别。

第五节　经　验　证　据

鉴于数据可得性,本节以环保财政支出为例,实证检验市场激励型环境规制政策对 TFP 的影响。

一、计量模型与数据

基准模型设定如下:

$$Y_{it} = \alpha + \beta_1 X_{it} + \gamma D_{it} + \mu_t + \eta_i + \varepsilon_{it}$$

其中,i 和 t 分别表示省份和年份。核心被解释变量 Y_{it} 为 TFP(取自然对数)。核心解释变量 X_{it} 为环保财政支出规模,用环保财政支出占地区生产总值比重表示。D_{it} 为一组控制变量,包括第二产业增加值占地区生产总值比重、进出口总额占地区生产总值比重、人口密度(取自然对数)、R&D 经费内部支出占地区生产总值比重,用以捕捉产业结构、经济对外开放程度、人口因素、技术进步的影响。μ_t 为年份固定效应,η_i 为省份固定效应,用以控制不随时间改变的省份个体特征因素和不随省份个体改变的时间因素的影响,ε_{it} 为随机扰动项。实证使用省级层面数据,数据来自历年《中国统计年鉴》《中国财政年鉴》《中国科技统计年鉴》和国家统计局官网数据库,样本期为 2007—2019 年。

关于核心被解释变量 TFP,本书采用索洛残差法进行测算(张军等,2004;郭庆旺和贾俊雪,2005)。其中,物质资本存量,以 2007 年为基年,利用固定资产投资数据,运用永续盘存法测算得到(详见前文)。为避免异常值的影响,本节剔除了 1% 的样本(小于 0.50% 分位数和大于 99.50%分位数的观测值)。表 5.1 给出主要变量的统计描述。

表 5.1 主要变量的统计描述

变 量	观测值数量	平均值	标准差	最小值	最大值
TFP(取自然对数)	384	0.000 2	0.049 0	−0.151 2	0.132 9
地区生产总值(万元,取自然对数)	386	9.350 0	0.919 3	6.697 1	11.232 9
SO_2(万吨,取自然对数)	388	3.592 5	1.133 1	−1.309 3	5.205 2
环保财政支出占地区生产总值比重	388	0.009 2	0.025 2	0.001 0	0.492 4
第二产业增加值占地区生产总值比重	388	0.428 2	0.080 7	0.165 4	0.607 6
进出口总额占地区生产总值比重	388	0.298 0	0.332 4	0.017 5	1.597 3
人口密度(人/平方公里,取自然对数)	388	7.852 0	0.433 7	6.475 4	8.689 1
R&D 经费内部支出占地区生产总值比重	388	158.691 2	104.956 0	22.702 9	565.085 4

注:表中地区生产总值是以 2007 年为基期平减折算得出的实际值。

二、实证结果

表 5.2 汇报了计量模型的估计结果。第(1)(2)列显示,环保财政支出占地区生产总值比重(环保财政支出规模)每增加 1 个百分点会导致 TFP 和地区生产总值分别显著下降 0.075 6%、0.076 3%,意味着当前中国的环保财政支出对 TFP 和经济总产出的影响显著为负,但影响力度较

弱。这很好地契合了前文理论分析的结论——就前文理论模型而言,环保财政支出增加与环保财政支出占地区生产总值比重增加及产出税率增加本质上是等价的(源于政府预算平衡条件的假设)。前文理论机制分析表明:产出税率增加对企业产出具有抑制作用,而环保财政支出通过影响

表 5.2　环保财政支出的 TFP 效应和环境效应

变　量	TFP 效应		环境效应
	TFP (取自然对数)	地区生产总值 (取自然对数)	SO_2 (取自然对数)
	(1)	(2)	(3)
环保财政支出占地区生产总值比重	−0.075 6*** (0.024 0)	−0.076 3*** (0.023 6)	−0.326 2* (0.167 8)
地区生产总值(取自然对数)			2.169 5* (1.128 9)
地区生产总值(取自然对数)平方项			−0.097 3* (0.053 7)
第二产业增加值占地区生产总值比重	0.801 5*** (0.202 3)	0.904 7*** (0.209 5)	−0.764 1 (1.147 5)
进出口总额占地区生产总值比重	0.225 4*** (0.056 4)	0.176 6*** (0.063 1)	1.051 3* (0.496 3)
人口密度(取自然对数)	−0.060 7** (0.028 8)	−0.072 8*** (0.022 1)	−0.091 2 (0.200 0)
R&D经费内部支出占地区生产总值比重	0.000 6** (0.000 2)	0.000 6** (0.000 2)	−0.000 6 (0.001 9)
常数项	−0.050 5 (0.235 1)	8.772 3*** (0.189 4)	−6.582 3 (8.081 2)
年份固定效应	是	是	是
省份固定效应	是	是	是
R^2	0.398 9	0.987 6	0.875 2

注:地区生产总值是以 2007 年为基期平减折算得出的实际值。括号中的数字为稳健标准误;* 、** 、*** 分别表示在 10%、5%和 1%的置信水平上显著。

环境质量和有效环境要素(污染排放)投入对企业产出还具有正向激励(但较弱)。数值模拟结果表明:产出税率增加对企业产出的负影响,要大于环保财政支出增加带来的正影响(详见本章第三节)。第(3)列结果则显示,环保财政支出占地区生产总值比重(环保财政支出规模)每增加 1个百分点会导致 SO_2 排放显著下降 0.326 2%,意味着随着环保财政支出规模的扩大,环境质量明显得到改善,这与前文理论分析的结论一致。上述经验分析证实了前文数值模拟结果的准确性,为理论分析的结论提供了良好的经验证据,增强了结论的可靠性。

第六节　小　　结

本章借鉴 Moll(2014)的理论框架,构建一个包含环境要素(污染排放)约束的异质性企业家模型,主要考察了排污税费、污染减排补贴、环保财政支出三种市场激励型环境规制对 TFP 的影响及其作用机制,并以此为基础分析了市场激励型环境规制与命令控制型环境规制的交互影响。

研究表明五点。(1)采用单一手段的排污税费政策能有效矫正污染的负外部性,对 TFP 具有较弱的正影响,而对总产出具有较弱的负影响。(2)污染减排补贴政策对 TFP 具有较弱的正影响,而对总产出无明显影响。(3)环保财政支出政策对 TFP 和总产出都具有较弱的负影响,稳健性分析的结果则表明:环保财政支出明显有利于减少污染排放和提高总体环境质量;就环保财政支出结构而言,在环保财政总支出保持不变条件下,用于提升环境质量的支出占比越大,会加剧 TFP 的损失,而提高用于增加企业有效环境要素投入支出的占比则有利于提升 TFP,但二者的 TFP 效应较弱。(4)存在市场激励型规制(或命令控制型规制)情形下,命令控制型规制(或市场激励型规制)对 TFP 和总产出的影响与单独考察该政策经济影响时的结果基本一致(虽然影响力度存在差异性),进一步证明了基准结论的稳健性。(5)市场激励型环境规制(排污税费、污染减排补贴、环保财政支出)对 TFP 和总产出呈现不同程度的影响,但总体上较弱,原因在于不同形式的市场激励型规制对企业家财富积累进而对要素配置的影响存在差异性。

上述结论对于我国市场激励型环境规制政策的优化调整具有良好的启示意义:虽然目前我国环境规制政策有向命令控制型和市场激励型等多元化规制手段相结合的发展趋势,但长期以来命令控制型环境规制始终占据主导地位,那么命令控制型环境规制主导性的存在是否会扭曲市场激励型环境规制的实施效果?本章的研究内容从理论和实证上较好地回答了上述问题:本章第四节数值模拟的结果表明,即使在以命令控制型规制为主导的环境规制政策背景下实施市场激励型环境规制政策,与单独考虑市场激励型环境规制情形时产生的经济影响基本一致,但不同市场型规制手段的影响力度可能会随着命令控制型规制强度的变化而有所区别,这为我国全面推进以经济手段为主要特征的市场激励型环境规制政策提供了理论证据。本章的研究结论为市场激励型环境规制手段的改革提供了思路,即应适度提高环境保护税率(排污税率);适度扩大环境污染治理专项资金池,以提高对企业(尤其是高生产率企业)的污染减排补贴;环保财政总支出中应当增加企业污染治理与清洁能源等方面的技术研发投入,而适度减少用于公共环境污染治理方面的投入。

第六章
结论与建议

本章基于前文命令控制型环境规制、市场激励型环境规制的历史演进过程及其对经济增长影响理论与实证分析的结果,总结归纳基本结论,并提出相应的对策建议。

第一节　基　本　结　论

尽管 1979 年颁布第一部环境保护法以来,国家开始重视对生态环境的保护,但四十余年来的经济高速增长依然付出了沉重的环境代价,目前我国的环境污染问题依然严峻。因此,当前新形势下"如何优化设计环境规制政策以寻求环境保护与经济增长之间的平衡或实现双赢局面、如何推动绿色创新发展和建设美丽中国"已成为新时代中国生态文明建设的核心主题。本书以环境规制政策在我国的实践情况为现实背景,提出一个环境规制影响企业间要素配置进而影响 TFP 的理论分析框架,在 Moll (2014)的基础上进行拓展,构建一个环境规制下连续时间的异质性企业家模型,并考虑了环境质量外部性、金融摩擦、不同规制政策设定或不同规制手段等诸多因素的影响,深入剖析环境规制对要素配置进而对 TFP 的影响及其核心机理,同时利用省级、地级市、工业企业层面的宏微观数据对理论分析的结论进行细致检验,提供了充分的经验证据支持。充分利用规范与比较分析、理论建模与数值模拟分析的研究方法,结合核心章节(第三章至第五章)的分析内容,本书主要得出如下几个方面的基本结论。

一、我国环境规制政策的基本特征

总体而言,我国已经形成了较为完善的环境保护法律体系,环境规制政策以命令控制型规制为主,但有向命令控制型规制和市场激励型规制等多元化规制手段相结合的发展趋势。就命令控制型环境规制政策而言,它在相当长一段时期内占据我国环境规制政策的主导地位,其主要内容包括环境保护目标责任制度、"三同时"制度、环境影响评价制度、污染限期治理制度、污染集中控制制度等环境管理制度、国家环境保护重点城市政策以及"两控区"(酸雨控制区和二氧化硫污染控制区)环保标准。这种具有强制性的规制措施(即制定硬性环境标准要求,责令污染排放超标的企业搬迁、限产或关停等)对我国的环境污染治理和改善产生直接的积极影响,与此同时,污染排放标准的硬约束限制了企业的环境要素投入,这可能在一定程度上对企业的生产活动造成负面影响。就市场激励型环境规制政策而言,它长期处于我国环境规制政策的补充地位,但有不断发展扩大的趋势,其主要内容包括排污收费制度、环境保护税、排污权交易等。这种利用市场手段调节企业行为进而达到控制污染排放目标的规制措施,有利于优化污染排放总量控制条件下企业间环境要素(污染排放)的配置,提高了我国环境污染治理效率,同时减轻了环境规制对企业生产的负影响。

二、命令控制型环境规制政策对 TFP 的影响

命令控制型环境规制对 TFP 具有弱 U 型影响,而对总产出具有弱 L 型影响,即命令控制型环境规制政策会产生一定的经济代价,但这种代价会随着规制力度的增强而逐渐减少,体现在:国家环保重点城市政策对地级市 TFP 产生了显著的抑制作用,导致环保重点城市(相较于其他地级市)的 TFP 增长率 5 年累计下降了 4.39 个百分点,导致环保重点城市的企业 TFP 增长率 5 年累计下降了 4.18 个百分点,但随着环境规制力度增加,这一不利影响明显减弱、趋于消失,目前我国的(命令控制型)环境规制力度可能尚处于 U 型曲线的左端。机制分析表明,环境规制影响 TFP 的核心原因在于,要素配置机制在其中发挥了重要作用——环境规制会影响企业的产出和利润,进而影响企业的自融资机制,最终对要素配置效率总体上产生弱 U 型(近乎 L 型)影响,国家环保重点城市政策显著降低了要素配置效率,导致环保重点城市的要素配置效率 5 年累计下降了 0.08(资本份额为权重)和 0.06(劳动份额为权重)。此外,信贷约束对环境规制的 TFP 效应具有非常突出的影响,即信贷约束越严重,环境规制对 TFP 的影响越大,反之,当一个经济体中具有较完善和发达的金融市场体系,企业家都面临较为宽松的信贷约束,此时环境规制对 TFP 的负影响明显减弱(TFP 的 U 型曲线左端变得平缓),基于工业企业数据的分析提供了微观证据支持。

三、市场激励型环境规制政策对 TFP 的影响

本书理论模型所涉及的市场激励型环境规制对 TFP 的影响总体较弱,不同规制手段(排污税费、污染减排补贴、环保财政支出)的 TFP 效应各具特点,这源于不同形式的市场激励型规制对企业家财富积累(进而要素配置)的影响存在差异性。具体而言:(1)采用单一手段的排污税费政策能有效矫正污染的负外部性,对 TFP 具有较弱的正影响,而对总产出具有较弱的负影响;(2)污染减排补贴政策对 TFP 具有较弱的正影响,而对总产出无明显影响;(3)环保财政支出政策对 TFP 和总产出都具有较弱的负影响。环保财政支出明显有利于减少污染排放和提高总体环境质量;就环保财政支出结构而言,在环保财政总支出保持不变的条件下,用于提升环境质量的支出占比越大,会加剧 TFP 的损失,而提高用于增加企业有效环境要素投入支出的占比则有利于提升 TFP,但二者的 TFP 效应较弱,基于省级层面数据的分析提供经验证据支持。

四、两种环境规制政策的交互影响

存在市场激励型规制(或命令控制型规制)情形下,命令控制型规制(或市场激励型规制)对 TFP 和总产出的影响与单独考察该政策时的结果基本一致(虽然影响力度存在差异性),进一步证明了基准结论的稳健性。由此得到一个重要的理论启示:一个经济体中,命令控制型环境规制与市场激励型环境规制相结合使用时各自对经济产生的边际影响,与其单独使用时对经济产生的边际影响是同向的,但影响力度会随着另一规制政策的强度变化而有所区别。结合我国环境规制政策的现实背景,上

述研究结论可进一步表述为:在以命令控制型规制为主导的环境规制政策背景下实施市场激励型环境规制政策,与单独考虑市场激励型环境规制情形时产生的经济影响基本一致,但不同市场型规制手段的影响力度可能会随着命令控制型规制强度的变化而有所区别,这为我国全面推进以经济手段为主要特征的市场激励型环境规制政策提供了理论证据。

第二节 政策建议

当前加强环境保护和推动经济高质量发展已成为新时代生态文明建设的内在要求和应有之义。2017 年,党的十九大报告明确提出推动绿色发展、着力解决突出环境问题、提高污染排放标准和强化排污者责任等一系列环境治理要求;2023 年,习近平总书记在全国生态环境保护大会上强调,必须以更高站位、更宽视野、更大力度来谋划和推进新征程生态环境保护工作,谱写新时代生态文明建设新篇章。本书的研究结论不仅有利于从理论上深刻认识和理解不同环境规制政策的经济影响及其核心机理,亦为"实现我国环境质量持续改善和经济高质量发展的双赢局面"的顶层制度设计提供了非常有益的理论启示和经验证据。因此,结合研究结论,本书就我国环境规制政策的优化调整提出如下两个方面的政策建议。

一、命令控制型环境规制政策

尽管在短期内,命令控制型环境规制政策对 TFP 具有显著的负影响,但从长期来看,这种负效应会随着环境规制力度的加强而减弱甚至消失,且对经济总量的负影响也会随之减弱。结合我国环境规制政策的实践效果来看,命令控制型环境规制依然是推进生态文明建设和实现绿色发展必要手段。因此,未来环境政策的制定中,还应加强命令控制型规制力度,并将其控制在突破 U 型曲线拐点后的合理区间内。具体而言有三点。(1)进一步加强环境规制力度,用最严格制度、最严密法治保护生态环境。应持续强化环境保护的硬性约束,深化完善环境保护法律法规,扩大中央"城考"约束性环境指标的考核范围,加大生态环境损害赔偿、责任追究及环境惩罚力度,并逐步提高主要污染物的排放标准,这有利于增强环境质量对企业生产的正外部性,通过更严格的环境规制触发企业自融资机制对信贷约束进而对要素错配的缓解作用,进而跨越环境规制对要素配置效率影响的 U 型拐点,实现经济高质量发展和生态环境高水平保护的双赢。(2)加强环境治理激励约束机制,压实地方政府生态环境保护责任。进一步持续优化完善地方政府激励结构,强化环境保护目标责任和考核评价机制,把环境绩效作为政府官员晋升考核的重要依据,有利于提高环境规制政策的执行效率,优化环境监督管理体制,完善公众参与机制,有利于及时了解公众的环境诉求,加强公众对环境污染治理的监督,有效约束地方政府机会主义行为。(3)持续推进市场化改革,有效消除金融摩擦等因素导致的要素配置障碍。本书的研究发现,企业信贷约束越严重,环境规制的要素配置扭曲效应越突出。因此,应持续深化金融体系改革,例如,建立健全绿色金融标准,加强绿色金融创新,激发绿色金融市场活力,以增强绿色金融充当融资工具、交易工具、支持工具的功能属性,营造更好企业融资环境,引导更多资金流向具有较高生产率的中小微企业,有效缓解中小企业信贷约束,更好地规避地方政府环境规制对经济高质量发展的不利影响。

二、市场激励型环境规制政策

从实践来看,我国的市场激励型规制政策(如排污费制度)起步较早。1979年《中华人民共和国环境保护法(试行)》就有了"排污收费"的法律规定,但发展较为缓慢。2018年1月1日起,中国正式开征环境保护税,标志着以税收手段调控污染排放的市场激励型规制走向正规化。近年来,尽管市场激励型规制有不断发展扩大的趋势,但总体上仍处于我国环境污染治理措施的补充地位,因而其对经济的影响远小于命令控制型规制。然而,不可否认的是:从本书研究结论来看,以市场手段为主要特征的市场激励型规制(尤其是排污税费、减排补贴等手段)对推动经济高质量发展具有积极影响。因此,优化调整市场激励型规制对推进我国生态文明建设和实现绿色发展亦具有重要现实意义。具体而言有三点。
(1)从环境治理角度,环保财政支出规模应当进一步扩大,以持续发挥环保财政支出在提升总体环境质量、减少污染排放方面的重要作用。但环保财政体制改革的重点应该落在优化环保财政支出结构上,政府应当注重环境公共物品(或服务)的供给方向——污染减排技术投入比公共污染治理投入更有效率,即环保财政总支出中应当增加用于企业污染治理与清洁生产等方面的技术研发投入,而适度减少用于公共环境污染治理方面的投入。更具体来说,环保财政支出应当更多向绿色技术研发、可再生能源开发与利用、环境管理创新、资源综合利用等用于提升企业资源利用效率和减少企业污染排放的支出领域倾斜,从源头上减排降污,实现绿色增长、高质量发展。同时,也不容忽视环境监管、公共区域的污染防治、自然生态保护等用于公共环境保护或末端治理方面的适度财政支出,以提升总体环境容量,避免出现"公地悲剧"。(2)应当进一步优化环保财政管理体制,强化环保财政职能,加强环保财政"收与支"对环境污染治理与经济增长的调节机制。当前中国环境保护领域的税收规模总体较小。以排污收费和资源税为例,国家统计局公布的数据显示:1995—2015 年间中国排污费征收总额和资源税征收总额占 GDP 比值的均值分别为 0.05%和 0.1%,占环保财政支出比值的均值分别为 6%和 24%,二者与经济总量及环保财政支出规模相去甚远。即使依据现行《中华人民共和国资源税法》(2020 年 9 月 1 日施行)规定针对原油、天然气和煤等具有高排放特征的化石能源矿产的税率区间也仅为 2%—10%,依然具有较大上调空间。现行环境保护领域的税收手段对经济和环境应有的调节作用难以得到发挥,因此,应当适度提高环境保护领域相关税种(如环境保护税、资源税)的税率,以此扩大环境污染治理专项资金池,充分发挥"庇古税"对污染负外部性的有效矫正作用,确保政府环境支出与环境税收的基本平衡,从而尽可能避免出现"以增长换环境"的现象,实现经济高质量发展和环境质量改善的双赢。(3)全面推行多元化差异化的环境规制政策,提升要素配置效率。本书的研究结论指出,命令控制型规制与市场激励型规制并行不悖,各显其效。因此,在今后环境规制政策的实践中,可根据环保目标同时优化调整两种规制,双管齐下,进而达到更好的政策效果。同时,还应针对不同污染主体制定差异化的环境规制政策,如针对受规制政策影响相对较小的污染主体采取更严格的规制措施以进一步减少污染排放,而针对受规制政策影响相对较大的污染主体可通过增加减排补贴等手段缓解环境规制政策带来的要素配置扭曲。

参考文献

[1] 陈超凡,2016:《中国工业绿色全要素生产率及其影响因素——基于 ML 生产率指数及动态面板模型的实证研究》,《统计研究》第 3 期,第 53—62 页。

[2] 陈华文、刘康兵,2004:《经济增长与环境质量:关于环境库兹涅茨曲线的经验分析》,《复旦学报(社会科学版)》第 2 期,第 87—94 页。

[3] 陈诗一、陈登科,2018:《雾霾污染、政府治理与经济高质量发展》,《经济研究》第 2 期,第 20—34 页。

[4] 陈诗一,2010:《中国的绿色工业革命:基于环境全要素生产率视角的解释(1980—2008)》,《经济研究》第 11 期,第 21—34 页。

[5] 陈素梅、何凌云,2017:《环境、健康与经济增长:最优能源税收入分配研究》,《经济研究》第 4 期,第 120—134 页。

[6] 戴魁早、骆莙函,2022:《环境规制、政府科技支持与工业绿色全要素生产率》,《统计研究》第 4 期,第 49—63 页。

[7] 范庆泉、张同斌,2018:《中国经济增长路径上的环境规制政策与污染治理机制研究》,《世界经济》第 8 期,第 171—192 页。

[8] 范庆泉、周县华、张同斌,2016:《动态环境税外部性、污染累积路径与长期经济增长——兼论环境税的开征时点选择问题》,《经济研究》第 8 期,第 116—128 页。

[9] 符淼,2008:《我国环境库兹涅茨曲线:形态、拐点和影响因素》,《数量经济技术经济研究》第 11 期,第 40—55 页。

[10] 傅京燕、李丽莎,2010:《环境规制、要素禀赋与产业国际竞争力的实证研究——基于中国制造业的面板数据》,《管理世界》第 10 期,第 87—98 页。

[11] 盖庆恩、朱喜、程名望、史清华,2015:《要素市场扭曲、垄断势力与全要

素生产率》,《经济研究》第 5 期,第 61—75 页。

[12] 高宏霞、杨林、付海东,2012:《中国各省经济增长与环境污染关系的研究与预测——基于环境库兹涅茨曲线的实证分析》,《经济学动态》第 1 期,第 52—57 页。

[13] 郭庆旺、贾俊雪,2005:《中国全要素生产率的估算:1979—2004》,《经济研究》第 6 期,第 51—60 页。

[14] 韩超、孙晓琳、李静,2016:《环境规制垂直管理改革的减排效应——来自地级市环保系统改革的证据》,《经济学(季刊)》第 1 期,第 335—360 页。

[15] 韩超、张伟广、冯展斌,2017:《环境规制如何"去"资源错配——基于中国首次约束性污染控制的分析》,《中国工业经济》第 4 期,第 115—134 页。

[16] 何凌云、祁晓凤,2022:《环境规制与绿色全要素生产率——来自中国工业企业的证据》,《经济学动态》第 6 期,第 97—114 页。

[17] 何劭玥,2017:《党的十八大以来中国环境政策新发展探析》,《思想战线》第 1 期,第 93—100 页。

[18] 黄菁、陈霜华,2011:《环境污染治理与经济增长:模型与中国的经验研究》,《南开经济研究》第 1 期,第 142—152 页。

[19] 贾俊雪,2017:《公共基础设施投资与全要素生产率:基于异质企业模型的理论分析》,《经济研究》第 2 期,第 4—19 页。

[20] 蒋伏心、王竹君、白俊红,2013:《环境规制对技术创新影响的双重效应——基于江苏制造业动态面板数据的实证研究》,《中国工业经济》第 7 期,第 44—55 页。

[21] 解垩,2008:《环境规制与中国工业生产率增长》,《产业经济研究》第 1 期,第 19—25 页。

[22] 李蕾蕾、盛丹,2018:《地方环境立法与中国制造业的行业资源配置效率优化》,《中国工业经济》第 7 期,第 136—154 页。

[23] 李力行、黄佩媛、马光荣,2016:《土地资源错配与中国工业企业生产率差异》,《管理世界》第 8 期,第 86—96 页。

[24] 李玲、陶锋,2012:《中国制造业最优环境规制强度的选择——基于绿色 TFP 的视角》,《中国工业经济》第 5 期,第 70—82 页。

[25] 李鹏升、陈艳莹,2019:《环境规制、企业议价能力和绿色全要素生产率》,《财贸经济》第 11 期,第 144—160 页。

[26] 李胜文、李新春、杨学儒,2010:《中国的环境效率与环境管制——基于

1986—2007 年省级水平的估算》,《财经研究》第 2 期,第 59—68 页。

[27] 李树、陈刚,2013:《环境管制与生产率增长——以 APPCL 2000 的修订为例》,《经济研究》第 1 期,第 17—31 页。

[28] 李卫兵、刘方文、王滨,2019:《环境规制有助于提升绿色全要素生产率吗？——基于两控区政策的估计》,《华中科技大学学报(社会科学版)》第 1 期,第 72—82 页。

[29] 李小胜、安庆贤,2012:《环境管制成本与环境全要素生产率研究》,《世界经济》第 12 期,第 23—40 页。

[30] 林伯强、蒋竺均,2009:《中国二氧化碳的环境库兹涅茨曲线预测及影响因素分析》,《管理世界》第 4 期,第 27—36 页。

[31] 刘净然、范庆泉、储成君、潘文卿,2021:《雾霾治理的经济基础：动态环境规制的适用性分析》,《中国人口·资源与环境》第 8 期,第 80—89 页。

[32] 刘笑萍、张永正、长青,2009:《基于 EKC 模型的中国实现减排目标分析与减排对策》,《管理世界》第 4 期,第 75—82 页。

[33] 陆旸、郭路,2008:《环境库兹涅茨倒 U 型曲线和环境支出的 S 型曲线：一个新古典增长框架下的理论解释》,《世界经济》第 12 期,第 82—92 页。

[34] 牛欢、严成樑,2021:《环境税收、资源配置与经济高质量发展》,《世界经济》第 9 期,第 28—50 页。

[35] 彭水军、包群,2006:《环境污染、内生增长与经济可持续发展》,《数量经济技术经济研究》第 9 期,第 114—126 页。

[36] 沈坤荣、金刚,2018:《中国地方政府环境治理的政策效应——基于"河长制"演进的研究》,《中国社会科学》第 5 期,第 92—115 页。

[37] 沈坤荣、金刚、方娴,2017:《环境规制引起了污染就近转移吗？》,《经济研究》第 5 期,第 44—59 页。

[38] 沈能、刘凤朝,2012:《高强度的环境规制真能促进技术创新吗？——基于"波特假说"的再检验》,《中国软科学》第 4 期,第 49—59 页。

[39] 盛丹、张国峰,2019:《两控区环境管制与企业全要素生产率增长》,《管理世界》第 2 期,第 24—42 页。

[40] 史贝贝、冯晨、张妍、杨菲,2017:《环境规制红利的边际递增效应》,《中国工业经济》第 12 期,第 40—58 页。

[41] 宋马林、金培振,2016:《地方保护、资源错配与环境福利绩效》,《经济研究》第 12 期,第 47—61 页。

[42] 陶锋、赵锦瑜、周浩,2009:《环境规制实现了绿色技术创新的"增量提质"吗——来自环保目标责任制的证据》,《中国工业经济》第 2 期,第 136—154 页。

[43] 童健、刘伟、薛景,2016:《环境规制、要素投入结构与工业行业转型升级》,《经济研究》第 7 期,第 43—57 页。

[44] 王兵、刘光天,2015:《节能减排与中国绿色经济增长——基于全要素生产率的视角》,《中国工业经济》第 5 期,第 57—69 页。

[45] 王兵、吴延瑞、颜鹏飞,2008:《环境管制与全要素生产率增长:APEC 的实证研究》,《经济研究》第 5 期,第 19—32 页。

[46] 王杰、刘斌,2014:《环境规制与企业全要素生产率——基于中国工业企业数据的经验分析》,《中国工业经济》第 3 期,第 44—56 页。

[47] 王俊,2016:《环境管制、R&D 投资与生产率》,《浙江社会科学》第 1 期,第 117—125 页。

[48] 王敏、黄滢,2015:《中国的环境污染与经济增长》,《经济学(季刊)》第 2 期,第 557—578 页。

[49] 王勇、李雅楠、俞海,2019:《环境规制影响加总生产率的机制和效应分析》,《世界经济》第 2 期,第 97—121 页。

[50] 王勇、俞海、张永亮、杨超、张燕,2016:《中国环境质量拐点:基于 EKC 的实证判断》,《中国人口·资源与环境》第 10 期,第 1—7 页。

[51] 魏正明,1999:《国家在"十五"期间将增加环境保护重点考核城市》,《上海环境科学》第 11 期,第 29 页。

[52] 肖严华、侯伶俐、毛源远,2021:《经济增长、城镇化与空气污染——基于长三角城市群的实证研究》,《上海经济研究》第 9 期,第 57—69 页。

[53] 徐彦坤、祁毓,2017:《环境规制对企业生产率影响再评估及机制检验》,《财贸经济》第 6 期,第 147—161 页。

[54] 许广月、宋德勇,2010:《中国碳排放环境库兹涅茨曲线的实证研究——基于省域面板数据》,《中国工业经济》第 5 期,第 37—47 页。

[55] 薛钢、陈思霞,2014:《中国环境公共支出、技术效率与经济增长》,《中国人口·资源与环境》第 1 期,第 41—46 页。

[56] 杨汝岱,2015:《中国制造业企业全要素生产率研究》,《经济研究》第 2 期,第 61—74 页。

[57] 尹恒、张子尧,2021:《产品市场扭曲与资源配置效率:异质性企业加成

率视角》,《经济研究》第 11 期,第 119—137 页。

[58] 余泳泽、孙鹏博、宣烨,2020:《地方政府环境目标约束是否影响了产业转型升级?》,《经济研究》第 8 期,第 57—72 页。

[59] 臧传琴、陈蒙,2018:《财政环境保护支出效应分析——基于 2007—2015 年中国 30 个省份的面板数据》,《财经科学》第 6 期,第 68—79 页。

[60] 张成、陆旸、郭路、于同申,2011:《环境规制强度和生产技术进步》,《经济研究》第 2 期,第 113—124 页。

[61] 张成、于同申、郭路,2010:《环境规制影响了中国工业的生产率吗——基于 DEA 与协整分析的实证检验》,《经济理论与经济管理》第 3 期,第 11—17 页。

[62] 张成、朱乾龙、于同申,2011:《环境污染和经济增长的关系》,《统计研究》第 1 期,第 59—67 页。

[63] 张红凤、周峰、杨慧、郭庆,2009:《环境保护与经济发展双赢的规制绩效实证分析》,《经济研究》第 3 期,第 14—26 页。

[64] 张军、吴桂英、张吉鹏,2004:《中国省际物质资本存量估算:1952—2000》,《经济研究》第 10 期,第 35—44 页。

[65] 赵玉民、朱方明、贺立龙,2009:《环境规制的界定、分类与演进研究》,《中国人口·资源与环境》第 6 期,第 85—90 页。

[66] [日]植草益,1992:《微观规制经济学》,朱绍文等译,中国发展出版社。

[67] Acemoglu, D., U. Akcigit, D. Hanley, and W. Kerr, 2016, "Transition to Clean Technology", *Journal of Political Economy*, 124(1), pp.52—104.

[68] Achdou, Y., J. Han, J.M. Lasry, P.L. Lions, and B. Moll, 2022, "Income and Wealth Distribution in Macroeconomics: A Continuous—Time Approach", *Review of Economic Studies*, 89(1), pp.45—86.

[69] Albrizio, S., T. Kozluk, and V. Zipperer, 2017, "Environmental Policies and Productivity Growth: Evidence across Industries and Firms", *Journal of Environmental Economics and Management*, 81, pp.209—226.

[70] Alpay, E., J. Kerkvliet, and S. Buccola, 2002, "Productivity Growth and Environmental Regulation in Mexican and US Food Manufacturing", *American Journal of Agricultural Economics*, 84(4), pp.887—901.

[71] Andersen, D.C., 2018, "Accounting for Loss of Variety and Factor Reallocations in the Welfare Cost of Regulations", *Journal of Environmental Eco-*

nomics and Management, 88(3), pp.69—94.

[72] Antweiler, W., B.R. Copeland, and M.S. Taylor, 2001, "Is Free Trade Good for the Environment?", *American Economic Review*, 91(4), pp.877—908.

[73] Auffhammer, M., and R.T. Carson, 2008, "Forecasting the Path of China's CO_2 Emissions Using Province-level Information", *Journal of Environmental Economics and Management*, 55(3), pp.229—247.

[74] Bai, C.E., C.T. Hsieh, and Y.Y. Qian, 2006, "The Return to Capital in China", Brookings Papers on Economic Activity, (2), pp.61—88.

[75] Barbera, A.J., and V.D. McConnel, 1990, "The Impact of Environmental Regulations on Industry Productivity: Direct and Indirect Effects", *Journal of Environmental Economics and Management*, 18(1), pp.50—65.

[76] Bartelsman, E., J. Haltiwanger, and S. Scarpetta, 2013, "Cross-Country Difference in Productivity: The Role of Allocation and Selection", *American Economic Review*, 103(1), pp.305—334.

[77] Bella, G., and P. Mattana, 2019, "Policy Implications in an Environmental Growth Model with a Generalized Hotelling Depletion of Non-renewable Resources", *Journal of Environmental Economics and Policy*, 8(2), pp.179—192.

[78] Berman, E., and T.B. Linda, 2001, "Environmental Regulation and Productivity: Evidence from Oil Refineries", *Review of Economics and Statistics*, 83(3), pp.498—510.

[79] Bosworth, B., and S.M. Collins, 2008, "Accounting for Growth: Comparing China and India", *Journal of Economic Perspectives*, 22(1), pp.45—66.

[80] Bovenberg, A.L., and S.A. Smulders, 1996, "Transitional Impacts of Environmental Policy in an Endogenous Growth Model", *International Economic Review*, pp.861—893.

[81] Bovenberg, A.L., and S.A. Smulders, 1995, "Environmental Quality and Pollution-augmenting Technological Change in a Two-sector Endogenous Growth Model", *Journal of Public Economics*, 57(3), pp.369—391.

[82] Boyd, G.A., and J.D. McClelland, 1999, "The Impact of Environmental Constraints on Productivity Improvement in Integrated Paper Plants", *Journal of Environmental Economics and Management*, 38(2), pp.121—142.

[83] Brandt, L., J.V. Biesebroeck, and Y. Zhang, 2012, "Creative Accounting

or Creative Destruction? Firm-level Productivity Growth in Chinese Manufacturing", *Journal of Development Economics*, 97(2), pp.339—351.

[84] Brock, W.A., and M.S. Taylor, 2010, "The Green Solow Model", *Journal of Economic Growth*, 15(2), pp.127—153.

[85] Buera, F.J., and Y. Shin, 2013, "Financial Frictions and The Persistence of History: A Quantitative Exploration", *Journal of Political Economy*, 121(2), pp.221—272.

[86] Cagetti, M., and M. De Nardi, 2006, "Entrepreneurship, Frictions, and Wealth", *Journal of Political Economy*, 114(5), pp.835—870.

[87] Cai, H., and Q. Liu, 2009, "Competition and Corporate Tax Avoidance: Evidence from Chinese Industrial Firms", *The Economic Journal*, 119(4), pp.764—795.

[88] Carson, R.T., Y. Jeon, and D.R. McCubbin, 1997, "The Relationship between Air Pollution Emissions and Income: US data", *Environment and Development Economics*, 2(4), pp.433—450.

[89] Chintrakarn, P., 2008, "Environmental Regulation and US States' technical Inefficiency", *Economics Letters*, 100(3), pp.363—365.

[90] Conrad, K., and D. Wastl, 1995, "The Impact of Environmental Regulation on Productivity in German Industries", *Empirical Economics*, 20(4), pp.615—633.

[91] Copeland, B.R., and M.S. Taylor, 1994, "North-South Trade and the Environment", *The Quarterly Journal of Economics*, 109(3), pp.755—787.

[92] Copeland, B.R., and M.S. Taylor, 2004, "Trade, Growth, and the Environment", *Journal of Economic Literature*, 42(1), pp.7—71.

[93] Bovenberg, L., and R. Mooij, 1997, "Environmental Tax Reform and Endogenous Growth", *Journal of Public Economics*, pp.207—237.

[94] Dean, T.J., and R.L. Brown, 1995, "Pollution Regulation as a Barrier to New Firm Entry: Initial Evidence and Implications for Future Research", *Academy of Management Journal*, 38(1), pp.288—303.

[95] Franco, C., and G. Marin, 2017, "The Effect of Within-sector, Upstream and Downstream Environmental Taxes on Innovation and Productivity", *Environmental and Resource Economics*, 66(2), pp.261—291.

[96] Fullerton, D., and G. Heutel, 2010, "The General Equilibrium Incidence of Environmental Mandates", *American Economic Journal: Economic Policy*, 2(3), pp.64—89.

[97] Fullerton, D., and S.R. Kim, 2008, "Environmental Investment and Policy with Distortionary Taxes, and Endogenous Growth", *Journal of Environmental Economics and Management*, 56(2), pp.141—154.

[98] Galeotti, M., and A. Lanza, 2005, "Desperately Seeking Environmental Kuznets", *Environmental Modelling & Software*, 20(11), pp.1379—1388.

[99] Gollop, F.M., and M.J. Roberts, 1983, "Environmental Regulations and Productivity Growth: The Case of Fossil-fueled electric Power Generation", *Journal of political Economy*, 91(4), pp.654—674.

[100] Gray, W.B., and R.J. Shadbegian, 2003, "Plant Vintage, Technology, and Environmental Regulation", *Journal of Environmental Economics and Management*, 46(3), pp.384—402.

[101] Gray, W.B., 1987, "The Cost of Regulation: OSHA, EPA and the Productivity Slowdown", *The American Economic Review*, 77(5), pp.998—1006.

[102] Greenstone, M., J.A. List, and C. Syverson, 2012, "The Effects of Environmental Regulation on the Competitiveness of US Manufacturing", *National Bureau of Economic Research*.

[103] Greenstone, M., and R. Hanna, 2014, "Environmental Regulations, Air and Water Pollution, and Infant Mortality in India", *American Economic Review*, 104(10), pp.3038—3072.

[104] Greenstone, M., 2002, "The Impacts of Environmental Regulations on Industrial Activity: Evidence from the 1970 and 1977 Clean Air Act Amendments and the Census of Manufactures", *Journal of Political Economy*, 110(6), pp.1175—1219.

[105] Grossman, G.M., and A.B. Krueger, 1991, "Environmental Impacts of a North American Free Trade Agreement", *National Bureau of Economic Research*, No.w3914.

[106] Grossman, G.M., and A.B. Krueger, 1995, "Economic Growth and the Environment", *The Quarterly Journal of Economics*, 110(2), pp.353—377.

[107] Groth, C., and P. Schou, 2007, "Growth and Non-renewable Re-

sources: The Different Roles of Capital and Resource Taxes", *Journal of Environmental Economics and Management*, 53(1), pp.80—98.

[108] Guariglia, A., X. Liu, and L. Song, 2011, "Internal Finance and Growth: Microeconometric Evidence on Chinese Firms", *Journal of Development Economics*, 96(1), pp.79—94.

[109] Hamamoto M., 2006, "Environmental Regulation and the Productivity of Japanese Manufacturing Industries", *Resource and Energy Economics*, 28(4), pp.299—312.

[110] Hardin, G., 1968, "The Tragedy of the Commons", *Science*, 162 (3859), pp.1243—1248.

[111] Haveman, R.H., and G.B. Christainsen, 1981, "Environmental Regulations and Productivity Growth", *Natural Resources Journal*, 21(3), pp.489—509.

[112] Helfand, G.E., 1991, "Standards versus Standards: the Effects of Different Pollution Restrictions", *American Economic Review*, 81(3), pp.622—634.

[113] Hilton, F., G. Hank, and A. Levinson, 1998, "Factoring the Environmental Kuznets Curve: Evidence from Automotive Lead Emissions", *Journal of Environmental Economics and Management*, 35(2), pp.126—141.

[114] Holland, S.P., 2009, "Taxes and Trading versus Intensity Standards: Second-best Environmental Policies with Incomplete Regulation(leakage) or Market Power", *National Bureau of Economic Research*.

[115] Hsieh, C.T., and P.J. Klenow, 2009, "Misallocation and Manufacturing TFP in China and India", *Quarterly Journal of Economics*, 124, pp.1403—1448.

[116] Jaffe, A.B., S.R. Peterson, P.R. Portney, and R.N. Stavins, 1995, "Environmental Regulation and the Competitiveness of US Manufacturing: What Does the Evidence Tell Us?", *Journal of Economic Literature*, 33(1), pp.132—163.

[117] Jaffe, A.B., and K. Palmer, 1997, "Environmental Regulation and Innovation: A Panel Data Study", *Review of Economics and Statistics*, 79(4), pp.610—619.

[118] Jia, J., S. Ding, and Y. Liu, 2020, "Decentralization, Incentives, and Local Tax Enforcement". *Journal of Urban Economics*, (115), 103225.

[119] John, A., and R. Pecchenino, 1994, "An Overlapping Generations Model of Growth and the Environment", *The Economic Journal*, 104(427), pp.1393—1410.

[120] Johnstone, N., I. Haščič, and D. Popp, 2010, "Renewable Energy Policies and Technological Innovation: Evidence Based on Patent Counts", *Environmental and Resource Economics*, 45(1), pp.133—155.

[121] Jorgenson, D. J., and P. J. Wilcoxen, 1990, "Environmental Regulation and U.S. Economic Growth", *The RAND Journal of Economics*, 21(2), pp.313—340.

[122] Joshi, S., R. Krishnan, and L. Lave, 2001, "Estimating the Hidden Costs of Environmental Regulation", *The Accounting Review*, 76(2), pp.171—198.

[123] Kuznets, S., 1955, "Economic Growth and Income Inequality", *American Economic Review*, 45, pp.1—28.

[124] Lanoie, P., M. Patry, and R. Lajeunesse., 2008, "Environmental Regulation and Productivity: Testing the Porter Hypothesis", *Journal of Productivity Analysis*, 30(2), pp.121—128.

[125] Tong, L., C. J. C. Jabbour, S. ben Belgacem, H. Najam, and J. Abbas, 2022, "Role of Environmental Regulations, Green Finance, and Investment in Green Technologies in Green Total Factor Productivity: Empirical Evidence from Asian Region", *Journal of Cleaner Production*, (380), 134930.

[126] Lena, D., C. A. Pasurka, and M. Cucculelli, 2022, "Environmental Regulation and Green Productivity Growth: Evidence from Italian Manufacturing Industries", *Technological Forecasting & Social Change*, (184), 121993.

[127] Levinsohn, J., and A. Petrin, 2003, "Estimating Production Functions using Inputs to Control for Unobservables", *Review of Economic Studies*, 70(2), pp.317—341.

[128] Li, Z., and J. Sun, 2015, "Emission Taxes and Standards in a General Equilibrium with Entry and Exit", *Journal of Economic Dynamics and Control*, (61), pp.34—60.

[129] Li, Z., and S. Shi, 2017, "Emission Tax or Standard? The Role of

Productivity Dispersion", *Macroeconomic Dynamics*, 21(8), pp.1857—1886.

[130] Ligthart, J.E., and F. van der Ploeg, 1994, "Pollution, the Cost of Public Funds and Endogenous Growth", *Economics Letters*, 46(4), pp.339—349.

[131] Lopez, R., and S. Mitra, 2000, "Corruption, Pollution, and the Kuznets Environment Curve", *Journal of Environmental Economics and Management*, 40(2), pp.137—150.

[132] Lopez, R., 1994, "The Environment As a Factor of Production: the Effects of Economic Growth and Trade Liberalization", *Journal of Environmental Economics and Management*, 27(2), pp.163—184.

[133] Mohr, R.D., 2002, "Technical Change, External Economies, and the Porter Hypothesis", *Journal of Environmental Economics and Management*, 43(1), pp.158—168.

[134] Moll, B., 2014, "Productivity Losses from Financial Frictions: Can Self-Financing Undo Capital Misallocation?" *American Economic Review*, (104), pp.3186—3221.

[135] Murty, M.N., and S. Kumar, 2003, "Win-win Opportunities and Environmental Regulation: Testing of Porter Hypothesis for Indian Manufacturing Industries", *Journal of Environmental Management*, 67(2), pp.139—144.

[136] Nielsen, S.B., L.H. Pedersen, and P.B. Sørensen, 1995, "Environmental Policy, Pollution, Unemployment, and Endogenous Growth", *International Tax and Public Finance*, 2(2), pp.185—205.

[137] Olley, G.S., and A. Pakes, 1996, "The Dynamics of Productivity in the Telecommunications Equipment Industry", *Econometrica*, 64(6), pp.1263—1297.

[138] Panayotou, T., 1993, "Empirical Tests and Policy Analysis of Environmental Degradation at Different Stages of Economic Development", International Labour Organization.

[139] Pata, U.K., and A.E. Caglar, 2021, "Investigating the EKC Hypothesis with Renewable Energy Consumption, Human Capital, Globalization and Trade Openness for China: Evidence from Augmented ARDL Approach with a Structural Break", *Energy*, (216), 119220.

[140] Porter, M.E., 1991, "America's Green Strategy", *Scientific American*,

(4), p.168.

[141] Porter, M.E., and C. van der Linde, 1995, "Toward a New Conception of the Environment-competitiveness Relationship", *Journal of Economic Perspectives*, 9(4), pp.97—118.

[142] Rausch, S., and G.A. Schwarz, 2016, "Household Heterogeneity, Aggregation, and the Distributional Impacts of Environmental Taxes", *Journal of Public Economics*, (138), pp.43—57.

[143] Restuccia, D., and R. Rogerson, 2008, "Policy Distortions and Aggregate Productivity with Heterogeneous Plants", *Review of Economic Dynamics*, (11), pp.707—720.

[144] Rubashkina, Y., M. Galeotti, and E. Verdolini, 2015, "Environmental Regulation and Competitiveness: Empirical Evidence on the Porter Hypothesis from European Manufacturing Sectors", *Energy Policy*, (83), pp.288—300.

[145] Santis, R. D., P. Esposito, and C.J. Lasinio, 2020, "Environmental regulation and productivity growth: main policy challenges", LEQS-LSE "Europe in Question" Discussion Paper Series.

[146] Schou, P., 2000, "Polluting Non-renewable Resources and Growth", *Environmental and Resource Economics*, 16(2), pp.211—227.

[147] Schwartz, J., and R. Repetto, 2000, "Nonseparable Utility and the Double Dividend Debate: Reconsidering the Tax-interaction Effect", *Environmental and Resource Economics*, 15(2), pp.149—157.

[148] Selden, T.M., and D. Song, 1994, "Environmental Quality and Development: Is there a Kuznets Curve for Air Pollution Emissions?", *Journal of Environmental Economics and Management*, 27(2), pp.147—162.

[149] Selden, T.M., and D. Song, 1995, "Neoclassical Growth, the J Curve for Abatement, and the Inverted U Curve for Pollution", *Journal of Environmental Economics and Management*, 29(2), pp.162—168.

[150] Shafik, N., 1994, "Economic Development and Environmental Quality: An Econometric Analysis", *Oxford Economic Papers*, pp.757—773.

[151] Shapiro, J.S., and R. Walker, 2018, "Why Is Pollution From US Manufacturing Declining? The Roles of Environmental Regulation, Productivity, and Trade", *American Economic Review*, 108(12), pp.3814—3854.

[152] Song, Z., K. Storesletten, and F. Zilibotti, 2011, "Growing Like China", *American Economic Review*, (101), pp.202—241.

[153] Stern, D.I., and M.S. Common, 2001, "Is there an Environmental Kuznets Curve for Sulfur?", *Journal of Environmental Economics and Management*, 41(2), pp.162—178.

[154] Stigler, G.J., 1971, "The Theory of Economic Regulation", *The Bell Journal of Economics and Management Science*, pp.3—21.

[155] Stock, J.H., and M.W. Waston, 2011, *Introduction to Econometrics*, Addison-Wesley, Boston.

[156] Stokey, N.L., 1998, "Are There Limits to Growth?", *International Economic Review*, pp.1—31.

[157] Tombe, T., and J. Winter, 2015, "Environmental Policy and Misallocation: The Productivity Effect of Intensity Standards", *Journal of Environmental Economics and Management*, (72), pp.137—163.

[158] Vincent, J.R., 1997, "Testing for Environmental Kuznets Curves within a Developing Country", *Environment and Development Economics*, (2), pp.417—431.

[159] Wang, J., 2013, "The Economic Impact of Special Economic Zones: Evidence from Chinese Municipalities", *Journal of Development Economics*, (101), pp.133—147.

[160] Yan, Y., and C. Yuan, 2020, "City Administrative Level and Municipal Party Secretaries' Promotion: Understanding the-Logic of Shaping Political Elites in China", *Journal of Contemporary China*, 29(122), 266285.

[161] Yang, C.H., C.H. Huang, and T.C.T. Hou, 2012, "Tax Incentives and R&D Activity: Firm-level Evidence from Taiwan", *Research Policy*, 41(9), pp.1578—1588.

[162] Zheng, H., S. Wu, Y. Zhang, and Y. He, 2023, "Environmental Regulation Effect on Green Total Factor Productivity in the Yangtze River Economic Belt", *Journal of Environmental Management*, (325), 116465.

图书在版编目(CIP)数据

环境规制政策、要素配置与全要素生产率研究 / 罗
理恒著. -- 上海 : 上海人民出版社, 2024. -- (上海
社会科学院重要学术成果丛书). -- ISBN 978-7-208
-19059-7

Ⅰ. F249.22

中国国家版本馆 CIP 数据核字第 2024E7W613 号

责任编辑　项仁波
封面设计　路　静

上海社会科学院重要学术成果丛书 • 专著

环境规制政策、要素配置与全要素生产率研究

罗理恒　著

出　　版　上海人民出版社
　　　　　（201101　上海市闵行区号景路 159 弄 C 座）
发　　行　上海人民出版社发行中心
印　　刷　上海新华印刷有限公司
开　　本　720×1000　1/16
印　　张　14
插　　页　2
字　　数　154,000
版　　次　2024 年 9 月第 1 版
印　　次　2024 年 9 月第 1 次印刷
ISBN 978 - 7 - 208 - 19059 - 7/F • 2885
定　　价　68.00 元